Deutschzeit

5

Arbeitsheft

Erarbeitet von
Annette Adams, Ana Cuntz, Renate Gross,
Franziska Jaap, Merve Klapper und Sabine Schmitt

 Deine **interaktiven Übungen** findest du hier:

1. Melde dich auf scook.de an.
2. Gib den unten stehenden Zugangscode in die Box ein.
3. Hab viel Spaß mit deinen interaktiven Übungen.

Dein Zugangscode auf
www.scook.de
c8862-b6zpq

Die Nutzungsdauer für die Online-Übungen beträgt nach Aktivierung des Zugangscodes zwei Jahre. In dieser Zeit speichern wir deine Lernstandsdaten für dich; nach Ablauf der Nutzungsdauer werden sie gelöscht.

Cornelsen

Inhaltsverzeichnis

Kennzeichnungen in diesem Arbeitsheft:

☺ Das ist mir schon gut gelungen.

☹ Hier muss ich noch üben.

📖 S. 259 Verweis zum Schülerbuch

Teste dich ❗ Hier kannst du dein Wissen testen.

Checkliste ✔ Hier findest du nochmal die wichtigsten Schritte im Überblick.

Erzählen wie die Profis
Erzählbausteine einer Geschichte ergänzen

S. 24

Sein erster Fisch *Hermann Schulz*

Während Rauls Besuch bei seinem Großvater Henry am Meer wollen die beiden Rauls neue Angel ausprobieren und wählen als Angelplatz einen Holzsteg genau vor der Terrasse eines Restaurants.

[...] Ganz plötzlich ging der Korken unter Wasser. Raul hielt krampfhaft die Angel fest. Hilfesuchend sah er Henry an.

„Ruhig", sagte Henry, „ganz ruhig. Jetzt musst du den Fisch ganz langsam hereinholen."

5 Raul drehte und drehte an der Kurbel. Und dann erschien der Fisch an der Wasseroberfläche. Er war mindestens dreißig Zentimeter lang und schillerte bunt in der Sonne. Es war ein wunderschön großer Fisch.

10 Die Gäste im Restaurant hinter ihnen schauten gespannt zu, wie Henry behutsam den Fang vom Haken löste. Als der Fisch zappelnd zwischen ihnen auf den Brettern lag, rief eine aufgebrachte Dame: „Werft den Fisch ins Wasser! Das kann man ja nicht mit 15 ansehen, diese Tierquälerei!"

„Was soll ich machen?", fragte Raul unsicher und sah Henry an.

„Tierquäler!", riefen nun mehrere Leute. „Werft den Fisch zurück ins Wasser!" 20

„Es ist dein Fisch", sagte Henry ruhig. [...]

1 a) Um welchen der folgenden Handlungsbausteine handelt es sich bei diesem Ausschnitt aus der Geschichte „Sein erster Fisch"? Kreuze an.

Problem ☐ Lösungsversuch ☐ Ende ☐

b) Fülle die entsprechende Zeile in der Tabelle unten in Stichpunkten aus.

c) Überlege, was in den fehlenden Bausteinen passieren könnte. Notiere Stichpunkte in der Tabelle.

Handlungsbaustein	Handlung: *Was passiert?*	Gedanken und Gefühle: *Was denkt und fühlt die Hauptfigur?*	Wörtliche Rede: *An welchen Stellen sprechen die Figuren?*
Ausgangssituation, in der sich die Hauptfigur befindet	*Raul besucht Großvater; gemeinsames Angeln*	*stolz auf neue Angel; aufgeregt; freut sich, dass Großvater sie mit ihm ausprobieren möchte*	*Raul bittet Henry um Hilfe; Henry erklärt Raul das Angeln*
Problem der Hauptfigur			
Lösungsversuch der Hauptfigur			
Ende			

Abwechslungsreich und lebendig erzählen

❶ Vergleiche die beiden Erzählanfänge. Welcher gefällt dir besser? Begründe in Stichpunkten.

A *Raul besuchte in den Ferien seinen Großvater Henry. Henry machte Urlaub am Meer. Henry wollte Raul das Angeln beibringen. Raul freute sich sehr. Raul und Henry gingen auf den Steg. Neben dem Steg war ein Restaurant.*

B *„Kommst du heute mit mir zum Fischen? Ich möchte unbedingt meine neue Angel ausprobieren." Raul sah seinen Großvater Henry bittend an. Henry verbrachte seine Ferien in einem kleinen Hotel am Meer und hatte Besuch von seinem Enkel Raul bekommen, der seine Angel mitgebracht hatte.*

Anfang ; Begründung: _____

_____

❷ Überarbeite die folgende Fortsetzung einer Schülerin so, dass sie sich interessanter liest.
Nutze die Formulierungshilfen im Kasten unten und schreibe in dein Heft.

Raul dachte lange nach. Raul schaute zu Henry. Henry blickte ernst zurück. Raul sah den Fisch an. Der Fisch lag auf dem Steg und zappelte. Raul wollte ihn gern behalten. Er wollte ihn seinem Vater zeigen. Sein Vater könnte ihn grillen. Raul dachte aber auch daran, ihn wieder ins Wasser zu werfen. Er schämte sich vor den Restaurantgästen. Die Restaurantgäste beobachteten Raul. Sie schienen neugierig zu sein, was passieren würde. Einige von ihnen sahen sehr empört aus und waren sogar von ihren Plätzen aufgesprungen. Henry sagte: „Du musst dich bald entscheiden, Raul! Dem Fisch geht es nicht gut auf dem Steg. Wirf ihn schnell ins Wasser oder töte ihn sofort!"

Raul dachte lange nach. Er schaute …

❸ Unterstreiche in deiner Überarbeitung:
- <u>blau</u>, wo du wiederkehrende Nomen/Substantive durch andere Nomen/Substantive oder Pronomen ersetzt hast,
- <u>grün</u>, wo du einen neuen Satzanfang gestaltet hast,
- <u>rot</u>, wo du Sätze miteinander verknüpft und Satzgefüge gebildet hast.

Formulierungshilfen: Abwechslungsreich erzählen

Nutze unterschiedliche Satzanfänge:
Schließlich … Dazu kam, dass … Bald / Kurz darauf … Unterdessen … Ganz plötzlich …
Einige Zeit später … Mutig/Ängstlich/Empört … Kaum hatte … Gleich darauf … Trotzdem …
Sogleich … Und dann … In diesem Augenblick … Nun … Da …
Du kannst deine Sätze oder sogar deine Geschichte auch mit der wörtlichen Rede beginnen lassen.

Verknüpfe Sätze miteinander:
Obwohl …; Weil …; Als …; Während …; Einerseits – andererseits …; Entweder – oder …

Ersetze wiederkehrende Nomen/Substantive durch andere Nomen/Sustantive oder Pronomen:
Raul $\longrightarrow$ der Junge, Henrys Enkel, der Enkel, das Kind, er, dieser …

4 Wenn du passende Adjektive und Vergleiche verwendest, wird deine Geschichte besonders lebendig.
Hier wird Rauls Großvater von einem Schüler beschrieben, wie er sich ihn vorstellt.
Unterstreiche alle Adjektive im Text gelb und alle Vergleiche braun.

*Raul freute sich sehr auf den Besuch bei Henry.
Sein Großvater war ein großer Mann, der trotz seines
Alters kräftig und zupackend war. Er hatte eine laute
Stimme, die Raul immer an das Dröhnen einer
Schiffssirene erinnerte. Dementsprechend durchdringend
schallte auch sein Gelächter, das er oft erklingen ließ.
Seine Augen waren wie Mandeln geformt und
verengten sich zu schmalen Schlitzen, wenn er grinste.
Henry hatte stark gebräunte Haut, die aussah wie ein
Netz, weil unzählige feine Falten sie durchzogen.
Raul fühlte sich sicher und geborgen in seiner Nähe.*

5 Wie stellst du dir Raul vor?
Verfasse eine Beschreibung von ihm. Verwende passende Adjektive und Vergleiche.

_____

_____

_____

_____

_____

_____

_____

_____

_____

_____

_____

_____

_____

Gefühle in Worte fassen

S. 32

❶ Lies das Ende der Geschichte von Raul und seinem Fisch.
Unterstreiche farbig:
- <u>rot</u>: Textstellen, in denen Rauls Gefühle direkt benannt werden,
- <u>blau</u>: Textstellen, in denen das Verhalten von Raul ein Gefühl ausdrückt.

[...] Rauls <u>Hände zitterten. Schweiß stand auf seiner Stirn</u>. Er blickte

von Henry zu den aufgebrachten Zuschauern und wieder auf den

Fisch. Henry hielt ihm das Messer hin. „Wenn du ihn töten willst,

dann tu es sofort", sagte er, „du hast ihn gefangen und du trägst die

5 Verantwortung für den Fisch. Hör nicht auf das, was die Leute rufen."

Raul hatte Tränen in den Augen, als er das Messer nahm und dem

Fisch den Kopf abtrennte. Die Leute im Restaurant waren empört. Henry legte seinem Enkel den Arm um die

Schultern. „Hör nicht auf sie", sagte er, „du hast alles richtig gemacht. Es war dein erster Fisch."

Sie packten ihre Sachen und gingen langsam zurück. Hinter sich hörten sie immer noch die aufgebrachten

10 Gäste auf der Restaurant-Terrasse, die sich wieder ihrem Essen widmeten.

Raul beruhigte sich nur langsam. Er war traurig, wenn er an den Fisch dachte. Aber gleichzeitig war er auch ein

bisschen stolz.

❷ Versuche, die Gefühle, die in der Geschichte dargestellt sind, anders auszudrücken.
Probiere alle in der Tabelle vorgegebenen Möglichkeiten aus.

Gefühle werden ausgedrückt durch:

Adjektive	Vergleiche	Gedanken der Figur	körperliche Reaktionen der Figur
ängstlich, hilflos, aufgeregt	*Raul fühlte sich wie das Kaninchen vor der Schlange.*	*„Was soll ich bloß tun?"*	Rauls Hände zitterten. Schweiß stand auf seiner Stirn (Z. 1).
			Raul hatte Tränen in den Augen (Z. 6).
empört (Z. 7)			
stolz (Z. 12)			

7

Wörtliche Rede sinnvoll einsetzen

S. 34

1 Wenn Figuren in Erzählungen sprechen, wird ihre Rede oft mit einem Verb des Sagens eingeleitet.
In deiner Geschichte solltest du unterschiedliche, genau zur jeweiligen Situation passende Verben verwenden.
a) Welche Verben des Sagens passen zu welcher Situation? Markiere die Situationen und die drei dazu passenden Verben in derselben Farbe.
b) Zu einer Situation gibt es noch keine passenden Verben. Suche drei passende Verben des Sagens und schreibe sie in die leeren Felder.

hauchen   betteln   bitten   [ ]   brüllen

flüstern   Anton will Peer unauffällig darauf aufmerksam machen, dass jemand um ihr Zelt schleicht.

Andreas ist außer sich, weil seine kleine Schwester seinen Schreibtisch in Unordnung gebracht hat.

frohlocken

Sandra darf ihre Freundin Betty mit in den Urlaub nehmen und ruft sie sofort an.

wispern

Anne versucht ihre Eltern zu überzeugen, dass sie den neuen Kinofilm sehen darf.   jubeln

flehen   Philip kommt mit seiner verstorbenen Rennmaus in der Hand zu seinem Vater.   schreien

[ ]   schimpfen   [ ]   jauchzen

2 Formuliere für jede Situation aus Aufgabe 1 einen Satz mit Redebegleitsatz in deinem Heft.
Denke daran: Der Redebegleitsatz kann vor, nach oder zwischen Teilen der wörtlichen Rede stehen. Probiere unterschiedliche Möglichkeiten aus.

„Hey Peer, da schleicht jemand um unser Zelt!", wisperte Anton dicht an Peers Ohr.
„Hey Peer", flüsterte Anton dicht an Peers Ohr, „da schleicht jemand um unser Zelt!"
Anton hauchte dicht an Peers Ohr: „Hey Peer, da schleicht jemand um unser Zelt!"

Die richtige Zeitform verwenden

1 Geschichten werden meistens im Präteritum erzählt.
Im folgenden Ausschnitt sind einige Fehler. Bearbeite sie, indem du falsche Zeitformen durchstreichst und die richtigen an den Rand schreibst.

Achtung, Fehler!

Henry ~~blickt~~ Raul lächelnd an und verspricht: **blickte,** _____

„Heute Abend grillen wir deinen ersten Fisch über dem Feuer." _____

Er hilft Raul, die Angel zusammenzupacken, und zieht sich seine _____

Gummistiefel über die nackten Füße. Dann griff er nach seiner _____

5 *Kamera. Er geht zu der entsetzt schauenden Dame auf der* _____

Restaurant-Terrasse und bittet sie: „Könnten Sie mich und _____

Raul gemeinsam mit seinem ersten Fisch fotografieren? _____

Diesen Tag wollen wir immer in Erinnerung behalten." _____

Eine Erzählung schreiben

S. 35

1 Schreibe eine Geschichte zum Thema „Ein Kind muss sich entscheiden".

a) Notiere zunächst in der Tabelle Stichpunkte zu den einzelnen Handlungsbausteinen deiner Geschichte.

b) Schreibe die Geschichte dann in dein Heft. Orientiere dich dabei an deinen Notizen und der Checkliste unten.

Handlungsbaustein	Handlung: *Was passiert?*	Gedanken/Gefühle: *Was denkt/fühlt die Hauptfigur?*	Wörtliche Rede: *Wo sprechen die Figuren?*
Ausgangssituation, in der sich die Hauptfigur befindet			
Problem der Hauptfigur			
Lösungsversuch der Hauptfigur			
Ende			

2 Überprüfe deine fertige Geschichte mithilfe der Checkliste und überarbeite sie, falls notwendig.

Checkliste ✔	Eine Erzählung schreiben	☺	☹
Inhalt	✓ Formuliere die Handlungsbausteine so, dass sich eine nachvollziehbare Handlung ergibt.	☐	☐
Sprache	✓ Vermeide unnötige Wiederholungen, indem du die Namen der Figuren durch abwechslungsreiche Nomen/Substantive oder passende Pronomen ersetzt.	☐	☐
	✓ Gestalte die Satzanfänge abwechslungsreich.	☐	☐
	✓ Benenne die Gefühle der Figuren, z. B. direkt durch Adjektive, durch Vergleiche oder durch körperliche Anzeichen.	☐	☐
Wörtliche Rede	✓ Verwende an geeigneten Stellen wörtliche Rede.	☐	☐
	✓ Benutze für die Redebegleitsätze der wörtlichen Rede passende Verben des Sagens.	☐	☐
Zeitform	✓ Schreibe im Präteritum.	☐	☐

Ansichtssache: Wandertag

S. 58

Die eigene Meinung begründen

❶ Die Bilder zeigen mögliche Ziele für einen Wandertag. Notiere in den Clustern für jedes dieser Wandertagsziele Begründungen (Argumente), die für dieses Ziel sprechen. Schreibe Stichpunkte.

❷ Untersuche deine Einträge in den Clustern: Welche Begründungen überzeugen eher deine Mitschüler/-innen, welche deine Eltern und welche deine Lehrer-/innen? Markiere sie in drei unterschiedlichen Farben.

Geschichtsmuseum

Kletterpark

Spaßbad

Begründungen schriftlich formulieren

S. 64

❶ Formuliere zu jeder Aussage eine überzeugende Begründung (Argument) und schreibe sie auf.

Am Wandertag sollten wir ins Museum gehen, weil _____

_____ ,

Meiner Ansicht nach sollten wir das Spaßbad als Ausflugsziel wählen, da _____

_____ ,

Ein Kletterpark ist das ideale Wandertagsziel, denn _____

_____ ,

❷ Wähle passende Verknüpfungswörter aus und fülle die Lücken. Verwende jedes Wort nur einmal.

Einige Schülerinnen und Schüler der Klasse 5 b möchten am Wandertag unbedingt ein

Spaßbad besuchen, _____ dort gibt es viele Attraktionen, _____

eine Turborutsche, die 20 m lang ist. _____ der Wandertag im Juni stattfindet,

halten sie einen erfrischenden Schwimmbadbesuch für das Beste. Andere Kinder möch-

5 ten dagegen ins Museum, _____ sie dort Spannendes über die alten Römer

lernen können. _____ ist das Museum nicht weit von der Schule

entfernt, _____ die Klasse keine lange Busfahrt auf sich nehmen müsste.

Besonders wichtig ist einigen Sportbegeisterten, etwas Aktives zu machen,

_____ möchten sie in den Hochseilgarten fahren. _____

10 gibt es im Hochseilgarten ermäßigte Eintrittspreise für Kinder und Jugendliche,

was ihrer Meinung nach auch für dieses Ziel spricht. _____

allerdings, dass einige aus der Klasse Höhenangst haben und deshalb einige

Kletterstrecken nicht klettern könnten, _____

die Stationen in 9 Meter Höhe.

> denn
> weil
> da
> sodass
> dagegen spricht
> darum
> außerdem
> darüber hinaus
> beispielsweise
> so zum Beispiel

❸ Zirkusschule, Zoobesuch oder Bowlingbahn? Notiere für jedes dieser Wandertagsziele mindestens zwei geeignete Begründungen (Argumente), die deine Mitschüler-/innen überzeugen, in dein Heft.

Bei ihren Recherchen für den Wandertag haben die Schülerinnen und Schüler einer 5. Klasse herausgefunden, dass der Archäologische Park Xanten einmal im Monat nachts geöffnet ist. Für diese nächtliche Tour benötigen die Schüler-/innen eine Genehmigung der Schulleitung, damit sie ihren Wandertag außerhalb der Schulzeit machen dürfen. Die Klasse möchte in ihrem Brief an die Schulleitung ausführlich erklären, warum gerade dieser nächtliche Besuch für sie etwas ganz Besonderes ist.

4 a) Überlege, welche der folgenden Begründungen (Argumente) geeignet sind, um die Schulleitung zu überzeugen. Markiere sie.

b) Ergänze Stichpunkte für zwei weitere Begründungen, die die Schulleitung überzeugen könnten.

- kurze Anfahrt

- geringe Fahrtkosten

- nächtliches Lagerfeuer

- ist mal was anderes

- antikes Rom Thema in Geschichte Klasse 6

- wetterunabhängig

- Stärkung der Klassengemeinschaft

- man kann länger aufbleiben

- Sternbilder und die Geschichten der Römer dazu können besser nachts erklärt werden

- Besuch nachts ist etwas Besonderes

- Eltern kommen als Begleitung mit

- Einblicke in nächtliches Leben des antiken Rom

- schulfrei am nächsten Tag

-

-

c) Wähle drei geeignete Argumente aus und ordne sie nach Wichtigkeit:
Welches überzeugt die Schulleitung vermutlich am meisten (1.) und welches am wenigsten (3.)?

1. _____

2. _____

3. _____

5 Verknüpfe die drei ausgewählten Argumente aus Aufgabe 1c) miteinander. Nutze die Formulierungshilfen.
Für einen nächtlichen Besuch im Archäologischen Park Xanten spricht, …

Formulierungshilfen: Schriftlich begründen

So kannst du deine Meinung einleiten:
Für … spricht / Wir sind der Meinung, dass … /
Unserer Ansicht nach …

So kannst du deine Sätze verknüpfen:
weil, denn, da … (Grund)
sodass, folglich, darum, schließlich … (Folge)
außerdem, darüber hinaus … (Aufzählung)
Besonders wichtig ist … (Hervorhebung)
Beispielsweise (Beispiel)

_____

_____

_____

_____

_____

_____

_____

_____

_____

_____

6 a) Verfasse nun auf einem Extrablatt den Brief an die Schulleitung.
b) Überprüfe deinen fertigen Brief mithilfe der Checkliste und überarbeite ihn, falls notwendig.

Checkliste ✔ Die eigene Meinung schriftlich begründen		☺	☹
Inhalt	✓ Mach deinen Standpunkt zum Thema deutlich.	☐	☐
	✓ Überlege, welche Begründungen (Argumente) geeignet sind, den Adressaten zu überzeugen.	☐	☐
	✓ Stütze deine Meinung mit mindestens drei überzeugenden Begründungen (Argumenten).	☐	☐
	✓ Ordne die Begründungen (Argumente) so an, dass das überzeugendste Argument am Schluss steht.	☐	☐
Sprache	✓ Schreibe sachlich.	☐	☐
	✓ Verknüpfe deine Argumente sinnvoll und sprachlich abwechslungsreich miteinander.	☐	☐

„Ich sehe was …" – Beschreiben
Tiere beschreiben: Lexikonartikel

1 Kreuze an, welche Informationen für welche Art von Beschreibung notwendig sind.

Informationen zu …	Lexikonartikel	Suchanzeige	Tiervermittlung
Tierart/Rasse	☐	☐	☐
Geschlecht	☐	☐	☐
Abstammung	☐	☐	☐
äußere Merkmale, z. B. Größe, Gewicht, Farbe, Fell, Körperbau	☐	☐	☐
Alter	☐	☐	☐
Lebensraum	☐	☐	☐
Umgang und Haltung	☐	☐	☐
Spitzname	☐	☐	☐
besondere Kennzeichen	☐	☐	☐
Charakter bzw. Verhalten	☐	☐	☐
Kontaktadresse	☐	☐	☐

2 a) Du sollst das folgende Kaninchen für ein Kinderlexikon beschreiben. Beschrifte dafür zunächst die Körperteile des Kaninchens mit den passenden Fachbegriffen aus dem Wortspeicher.

> Löffel · Hals · Brust · Auge · Hinterlauf · Vorderläufe · Blume · Fell · Mähne

b) Beschrifte anschließend die Körperteile jeweils mit mindestens einem passenden Adjektiv aus dem folgenden Wortspeicher.

> dicht · schwarz · mehrfarbig · klein · weich · kurz · anliegend · lang · schneeweiß · groß · zweifarbig · rundlich · stehend · graubraun · mittelgroß · langhaarig · kräftig

Blume
schneeweiß

14

3 Ordne die Notizen richtig in den Tiersteckbrief ein.

- Kaninchen
- Zwergkaninchen
- Gruppentiere, brauchen andere Kaninchen zur Gesellschaft
- dichtes, weiches Fell
- klein, gedrungen, ca. 20-30 cm lang, unter 2 kg schwer
- viel Platz zum Rennen und Toben
- pflegen sich selbst
- Stöcke für Zahnabrieb
- ein- oder mehrfarbig, oft gescheckt
- Krallen schneiden
- zutrauliche Haustiere
- Fertigfutter führt zu Verfettung und Krankheit
- ruhiger, dunkler Unterschlupf zum Ausruhen
- frische Gräser, Blätter, Rinden, Heu, Obst, Gemüse

Tiersteckbrief

Tierart: _____ _____

Rasse: _____ _____

Äußere Merkmale:
- Größe/Gewicht
- Farbe des Fells und Fellbeschaffenheit
- Körperbau

_____

_____

_____

Lebensweise/Verhalten: _____

Hinweise zur Haltung:
- Nahrung
- Unterbringung
- Umgang/Pflege

_____

_____

_____

_____

4 Verfasse eine Beschreibung des Zwergkaninchens für ein Kinderlexikon.
Nutze deine Ergebnisse aus den Aufgaben 1–3 und die Checkliste.

Checkliste ✔	Tiere für einen Lexikonartikel beschreiben	☺	☹
Inhalt	✓ Beginne mit den **allgemeinen Merkmalen** des Tieres, z. B. der genauen Bezeichnung, dem Gesamteindruck und wichtigen äußeren Merkmalen.	☐	☐
	✓ Gehe auf die **Lebensweise und das Verhalten** der Tierart ein.	☐	☐
	✓ Gib **Hinweise zur Haltung** des Tieres.	☐	☐
Sprache	✓ Achte auf eine genaue Wortwahl (Fachbegriffe, passende Adjektive).	☐	☐
	✓ Verwende eine sachliche Sprache ohne persönliche Wertungen.	☐	☐
Zeitform	✓ Verfasse deinen Text im **Präsens**.	☐	☐

Personen beschreiben: Suchanzeige

1 Auf dem Schulhof wurden Fahrräder beschädigt. Einige Schülerinnen und Schüler haben einen verdächtigen Jungen an den Fahrradständern gesehen.

a) Welche Aussagen der Schüler helfen bei der Suche nach dem Täter? Unterstreiche sie.

b) Welche Aussagen sind nicht geeignet, um den Täter zu finden? Unterstreiche sie in einer anderen Farbe.

„Ist doch egal, er sah auf jeden Fall unsympathisch aus!"

„Der Junge hat eine hellblaue Jacke getragen und Jeans."

„Dunkle, kurze Haare hatte er!"

„Aber seine Schuhe waren cool …"

„Er war sehr groß und hatte hässliche Klamotten an."

„Ich habe vorhin einen älteren Schüler an den Fahrradständern gesehen, der ist sicher schon in der 8. Klasse. Er guckte sich immer so komisch um. Sicher war der das mit den Rädern!"

2 a) Lies die folgende Personenbeschreibung.
Welche Aussagen im Text helfen bei der Suche nach dem Täter nicht weiter? Streiche sie.

b) Bringe die Abschnitte der Beschreibung in eine sinnvolle Reihenfolge, indem du sie nummerierst.

c) Was wird in den einzelnen Abschnitten beschrieben? Ordne die Oberbegriffe aus den Kästchen passend zu.

(geschätztes) Alter, Geschlecht	Größe, Körperbau	Haare	Gesicht/ Gesichts- form	Augen	Nase	Kleidung	besondere Kenn- zeichen

1	Der Junge, der bei den Fahrradständern stand, geht vermutlich in die 8. Klasse, ist also 14 Jahre alt. Sicherlich ist er in der Klasse 8d, da sind nämlich lauter Chaoten.	*(geschätztes) Alter, Geschlecht*
___	Sein Gesicht ist länglich und blass. Er hat dunkle Augen und eine recht große Nase, richtig hässlich sieht er aus. Seine Ohren sind eng anliegend.	___
___	Er ist recht groß und eher kräftig gebaut, ein Schlägertyp.	___
___	Der Junge wirkt wie ein Angeber, da er sich lässig an die Fahrradständer lehnte, total arrogant.	___
___	Er trug eine hellblaue Jacke, bei der auf der Rückseite ein großes rundes Logo des Meerbuscher Fußballvereins ist. Die sind gerade abgestiegen. Dazu hatte er eine ausgewaschene Jeans und weiße Sneaker an.	___
___	Er hat kurze, dunkle Haare, die an den Seiten abrasiert und oben verstrubbelt sind. So eine Frisur hat auch mein großer Bruder, der auf das Nachbargymnasium geht.	___

3 Verfasse nun für den abgebildeten Jungen eine Suchanzeige.
Betrachte das Bild und notiere alle Erkennungsmerkmale in der Tabelle unten.
Die Adjektive im Wortspeicher helfen dir.

Formulierungshilfen: Personen beschreiben

Haare: lockig · gewellt · stoppelig · gescheitelt · glatt …

Gesichtsform: oval · länglich · schmal · voll · rund · eckig …

Augen: rund · schmal · mandelförmig · grün · braun · graublau …

Nase: gerade · krumm · kurz · lang · breit · schmal …

Mund/Lippen: voll · schmal · dünn · dick …

Besondere Kennzeichen: z. B. Narbe, Tattoo, Sommersprossen …

Haare	Gesichtsform	Augen	Nase	Mund/Lippen	besondere Kennzeichen

4 Verfasse eine Suchbeschreibung für den Jungen.
Orientiere dich dabei an der Checkliste und schreibe in dein Heft.
Gesucht wird nach einem Jungen …

Checkliste ✔	Personen für eine Suchanzeige beschreiben	☺	☹
Inhalt	✓ Formuliere einen **einleitenden Satz**, der den Zweck deiner Beschreibung nennt.	☐	☐
	✓ Beschreibe die **allgemeinen Merkmale** in einer sinnvollen Reihenfolge, z. B. vom Gesamteindruck bis hin zu wichtigen äußeren Merkmalen.	☐	☐
	✓ Nenne **auffällige Besonderheiten.**	☐	☐
Sprache	✓ Achte auf eine **genaue Wortwahl**, z. B. **passende Adjektive**, und vermeide persönliche Bewertungen.	☐	☐
Zeitform	✓ Schreibe im **Präsens.**	☐	☐

Gegenstände beschreiben: Verkaufsanzeige

❶ In den drei Texten wird derselbe Rucksack beschrieben.
Notiere zu jeder Beschreibung, wer der Adressat ist und welchen Zweck die Beschreibung erfüllt.

Text 1

Es handelt sich um einen schwarz-grauen
Rucksack mit zwei aufgenähten hellgrauen
Vordertaschen. Über die obere Vor-
tasche ist ein orangefarbenes Gum-
5 miband überkreuzt gespannt.
Beide Vordertaschen lassen sich
durch einen schwarzen Reißverschluss öffnen, wobei einer
der beiden Reißverschlüsse
10 jedoch klemmt. Die Seiten der
Schultasche sind schwarz und
mit Leder verstärkt, auf dem
rutschfeste orangefarbene
Noppen befestigt sind. Das
15 Rückenpolster ist ein wenig
eingerissen.

Text 2

Gut erhaltener Schulrucksack für Jungen!
Ich biete meinen Schulrucksack an. Er weist
ein modernes und zugleich cooles Design auf:
Auf der Vorderseite sind zwei hellgraue
Taschen mit orangefarbenen High- 5
lights befestigt. Das orangefarbene
Gummiband kann zur Befestigung
von Sportsachen oder Jacken ge-
nutzt werden. Auch ist der Rucksack größenverstellbar, sodass er 10
auch für lange Schultage viel
Platz bietet. Ich verkaufe ihn für
nur 40 € (Neupreis 80 €).

Text 3

Ich möchte ganz dringend den schwarz-grauen Schulrucksack haben, den ich neulich im Schaufenster des
Outdoorladens gesehen habe. Der Rucksack sieht nicht nur cool aus, sondern ist auch sehr stabil und praktisch,
weil er super leicht ist und viel reinpasst. Neben dem Hauptfach hat er noch zwei Vortaschen sowie ein Gummiband, mit dem man Sportsachen und Jacken am Rucksack befestigen kann.

	Adressat An wen richtet sich die Beschreibung?	Zweck Wozu dient die Beschreibung?
Text 1		
Text 2		
Text 3		

2 Du sollst für die abgebildete Sporttasche eine Verkaufsanzeige verfassen.
Ordne dafür zunächst die Informationen zur Tasche in die Tabelle unten ein.

Sporttasche   gepolsterter Tragegriff

Schultergurt

Innenfutter mit leichten Gebrauchsspuren   wasserabweisendes Obermaterial

Zweiwegereißverschluss   Polyester

zwei Seitentaschen   Reißverschluss an Seitentasche

Aufdruck „Sport"

20 € (Neupreis 60 €)   seitliche Netzeinsteckfächer

60 cm (Breite) x 30 cm (Höhe) x 30 cm (Tiefe)

Oberbegriffe	Merkmale und Eigenschaften dieser Sporttasche
Größe	
Form (Fächer/Ausstattung)	
Farbe/Gestaltung	
Material	
besondere Kennzeichen	
Zustand und Preis	
wichtige Zusatzinformationen für die Käuferin / den Käufer	

3 Formuliere nun die Beschreibung der Sporttasche für eine Verkaufsanzeige. Orientiere dich dabei an der Checkliste und schreibe in dein Heft.
Ich verkaufe …

Checkliste ✔	Gegenstände für eine Verkaufsanzeige beschreiben	☺	☹
Inhalt	✓ Formuliere einen **einleitenden Satz**, der den Zweck deiner Beschreibung nennt.	☐	☐
	✓ Beschreibe die **allgemeinen Merkmale** in einer sinnvollen Reihenfolge, z. B. vom Gesamteindruck bis hin zu wichtigen äußeren Merkmalen.	☐	☐
	✓ Nenne **Besonderheiten**, die die Käuferin / den Käufer interessieren könnten.	☐	☐
Sprache	✓ Beschreibe den Gegenstand **genau** und **anschaulich**, damit das Interesse der Käufer geweckt wird.	☐	☐
Zeitform	✓ Schreibe im **Präsens**.	☐	☐

Einfach märchenhaft
Handlungsbausteine verknüpfen

S. 102

Der treue Bauer

Ein Bauer hatte ein Zauberschwein. Es redete. Er schlachtete es nicht. Die Zeiten waren schwer. Eine Hungersnot kam. Niemand konnte etwas zu essen kaufen. Der Bauer schlachtete sein Zauberschwein immer noch nicht. Der Bauer und das Schwein wurden mager. Sie überlebten. Eine Krankheit kam. Sie hieß Schweinepest. Viele Schweine starben. Der Bauer beschützte sein Schwein. Er fütterte es mit seinem eigenen Essen. Es überlebte. Diebe kamen. Sie brachen ein und wollten alles Wertvolle stehlen. Sie wollten das Schwein mitnehmen. Der Bauer schlug sie in die Flucht. Das Schwein war dankbar. Es sagte dem Bauern, wo auf seinem Acker ein Schatz versteckt war. Der Bauer fand den Schatz. Er wurde reich.

❶ Lies das Märchen „Der treue Bauer" und markiere im Text die vier Handlungsbausteine in unterschiedlichen Farben.

❷ Sicher ist dir aufgefallen, dass das Märchen viel zu abgehackt klingt. Wähle aus der Übersicht passende Formulierungen aus und schreibe das Märchen „Der treue Bauer" in ein „echtes" Märchen um. Schreibe in dein Heft.

Formulierungshilfen: Ein Märchen schreiben

Handlungsbausteine	Typische Märchen-Sprachformeln	Verbindungswörter
Ausgangssituation	Es war einmal … / Vor langer Zeit … / In einem großen Wald / einem wundervollen Schloss / Auf einem hohen Berg …	Da … / Denn … / Bald … / Bevor … / Auch … / Besonders … / Sobald …
Problem	Als aber … / Eines Tages … / Eines Nachts … / Da kam … / Da zog er in die Welt hinaus …	Doch … / Plötzlich … / Aber … / Als … / Außer … / Daher … / Aus diesem Grund … / Im Gegensatz zu …
Lösungsversuche	Unterwegs … / Es zeigte sich bald, … / Unterdessen … / Nicht lange danach … / Und wie er so ging/saß, … / Wie er zum See/Schloss kam, … / Und siehe da … / Bald war er …	Zuerst … / Anfangs … / Indem … / Also … / Weil … / Obwohl … / Während … / Nicht nur …, sondern auch … / Zwar …, aber … / Außerdem … / Allerdings … / Jedoch … / Erneut … / Vor allem … / In der Zwischenzeit …
Ende	Und sie lebten noch lange glücklich und zufrieden … / Und wenn sie nicht gestorben sind, …	So … / Nun … / Schließlich … / Nämlich … / Nicht zuletzt … / Endlich … / Und wenn …, dann …

Die richtige Zeitform verwenden

S.113

❶ Märchen werden fast immer im Präteritum erzählt. Fülle die Lücken mit den richtigen Verbformen. Achtung: Fünf Verben müssen im Präsens stehen. Weißt du warum?

Die kluge Prinzessin

Es lebte einmal eine Prinzessin, die liebenswürdig und schön _____ (sein), aber vor allem klug. Als ihr

Vater sie verheiraten _____ (wollen), da _____ (sprechen) sie: „Wer mich zur Frau

_____ (begehren), muss beweisen, dass er mich verdient. Ich _____ (verlangen),

dass jedem Bewerber drei Prüfungen gestellt werden." Der König _____ (finden) das recht und billig

5 und _____ (einladen) alle jungen Männer _____ . Wie _____ (staunen) diese, als die

Prinzessin am ersten Prüfungstag vor die Menge _____ (treten) und sprach: „Dies _____ (sein)

meine erste Prüfung: Ihr sollt den Abwasch machen!" Einige der Prinzen _____ (aufbrechen) sofort

wieder _____ und einige _____ (zerbrechen) Teller. Der böse Zauberer von jenseits des wilden

Meeres _____ (können) natürlich nicht abwaschen, aber er zauberte blitzschnell das Geschirr

10 sauber. Dann _____ (geben) die Prinzessin die zweite Prüfung bekannt: Sie sollten den höchsten Berg,

den hellsten Stern und das heilkräftigste Kraut nennen. Oh, das war schwierig! Viele der Bewerber

_____ (herumrätseln). Nur der böse Zauberer _____ (bestehen) die

Probe – und ein junger Mann, den niemand _____ (kennen). Da _____

(sich erheben) die Prinzessin zum dritten Mal: „Meine letzte Prüfung _____ (sein) die schwerste von allen:

15 Ihr _____ (müssen) mich zum Lachen bringen." Nun ist es so, dass man vieles zaubern kann, aber nicht

durch Zauberei die Herzen von Menschen bewegen, und deswegen konnte der Zauberer noch so herumspringen

vor der Prinzessin und Grimassen machen – sie _____ (verziehen) keine Miene. Der junge Mann

dagegen _____ (beginnen), ihr eine Geschichte zu erzählen, die so lustig _____ (sein), dass bald

alle laut lachten. Und siehe da, die Prinzessin lachte mit. Da _____ (sehen) der König, dass der junge

20 Mann ebenso klug wie liebenswürdig war und dass die beiden gut _____

(zusammenpassen). Und so _____ (feiern) sie vergnügt Hochzeit.

21

Die Märchensprache nachahmen

S. 112

❶ Märchen sind häufig in einer altertümlichen Sprache formuliert.
Ordne den Ausdrücken aus der Märchensprache die passenden modernen Ausdrücke zu.
Achtung: Manchmal gibt es mehr als eine Lösung!

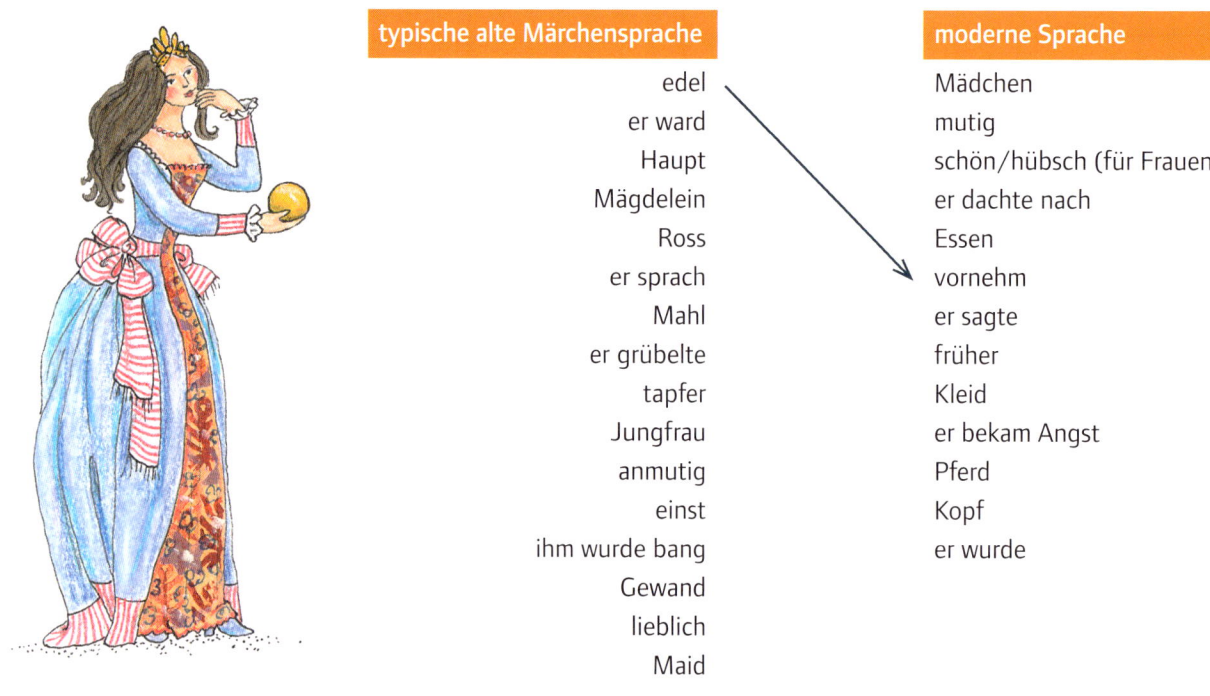

typische alte Märchensprache	moderne Sprache
edel	Mädchen
er ward	mutig
Haupt	schön/hübsch (für Frauen)
Mägdelein	er dachte nach
Ross	Essen
er sprach	vornehm
Mahl	er sagte
er grübelte	früher
tapfer	Kleid
Jungfrau	er bekam Angst
anmutig	Pferd
einst	Kopf
ihm wurde bang	er wurde
Gewand	
lieblich	
Maid	

❷ „Übersetze" die Ausdrücke aus der Märchensprache in der linken Spalte in moderne Sprache.

Märchensprache	moderne Sprache
sie vernahm	*sie hörte*
ein jeglicher	
es währte	
die Kunde	
er erbarmte sich	
von dannen	
sie hub an	
binnen drei Tagen	
ein gar dichter Wald	
er gewährte ihm	
sie tat, wie ihr geheißen	

Ein Märchen fortsetzen

S. 111

❶ Lies den Märchenanfang und ergänze passende Adjektive.

Ausgangssituation

Die Eisprinzessin (nach einer Schweizer Legende)

Es lebte einmal auf den _____ Gipfeln des Nebelgebirges eine _____ Fee,

die Eisprinzessin genannt wurde. Immer wieder und wieder machten sich _____ Männer auf,

um sie in ihrem _____ Eispalast zu besuchen, und einer um den andern verliebte sich in sie.

Es war nicht verboten, in ihren _____ Thronsaal einzutreten und sie anzusehen. Aber sobald ein

5 Freier sie bat, seine Frau zu werden, erschienen _____ Eiszwerge, packten ihn und warfen

ihn in die _____ Tiefen des Nebelgebirges. Die Eisfee sah ihnen dabei zu. Ihr Herz war ebenso

aus _____ Eis wie alles um sie herum und konnte gar nichts fühlen.

❷ Überarbeite den Text, indem du die unterstrichenen Wörter durchstreichst und durch ausdrucksstärkere Wörter ersetzt. Achte bei den Verben auf die Präteritumform.

Die Eisprinzessin (Fortsetzung)

Die Bergbewohner ~~sagten~~ *erzählten* die Kunde von der schönen Eisprinzessin jedem Reisenden.

Eines Tages ~~sagten~~ _____ sie sie auch einem überaus mutigen jungen Jäger.

Weil er _____ die Geschichte gut ~~fand~~ _____, beschloss er

loszugehen _____, um die Eisprinzessin ~~für sich zu haben~~ _____.

5 Er verließ seine Heimat, ~~ging~~ _____ tagein, tagaus, ~~ging~~ _____

über schroffe Schneewände, ~~ging~~ _____ über eisige Gipfel und

~~hielt~~ _____ bittere Kälte ~~aus~~. Nach dreiunddreißig Tagen

~~sah~~ _____ er endlich die wunderschönen eiskalten Wände und das Eistor des Palastes.

Er legte seinen Rucksack und seinen Wanderstock nieder und ~~ging hinein~~ _____.

❸ a) Wie könnte das Märchen weitergehen? Notiere Stichpunkte für die fehlenden Handlungsbausteine.
b) Schreibe eine Fortsetzung des Märchens in dein Heft. Orientiere dich dabei an der Checkliste auf Seite 25.

Ein Märchen nach Vorgaben schreiben

S. 108

❶ Wähle aus jeder Spalte eine Märchenkarte aus oder erwürfle sie dir und kreise sie ein.
Ein Joker bedeutet, dass du dieses Märchenelement frei erfinden kannst.

Zutaten für ein Märchen

	Hauptperson	magischer Ort	Prüfung/ Gefahr	Gegenspieler	Helfer	magische Handlung
⚀	Prinzessin	verwunschener Wald	jemanden retten	Riese mit nur einem Auge	(Joker)	(gereimter) Zauberspruch
⚁	jüngster von drei Brüdern	Schloss ganz oben auf einem steilen, einsamen Berg	(Joker)	böse Hexe	gute Fee	Erfüllung von drei Wünschen
⚂	Junge ohne Eltern	dunkle, juwelenbesetzte Höhle	drei Ringe schmieden	(Joker)	drei Kobolde	Verwandlung
⚃	armes Mädchen	zwei Welten, die durch einen Schrank verbunden sind	die Sonne berühren	Stiefmutter	alte weise Frau	(Joker)
⚄	(Joker)	tiefer Brunnen	das Allheilkraut finden	giftiger Zwerg	sprechendes Tier	Versteinerung
⚅	verzauberter Prinz	(Joker)	ein Rätsel lösen	geldgieriger Drache	Zauberring	Verstummung

❷ Wie soll dein Märchen aufgebaut sein? Schreibe Stichpunkte zu den vier Handlungsbausteinen in dein Heft.

Ausgangssituation	Problem	Lösungsversuche	Ende

❸ Schreibe dein vollständiges Märchen ins Heft.

Ein Märchen überarbeiten

❶ Welche Fehler wurden hier gemacht? Verbessere sie und begründe deine Überarbeitung in Stichpunkten.

Fehlersatz	Verbesserung	Begründung
Es war einmal ein Königspaar. Das eine Tochter bekam.		
Die Fee kam trotzdem und war sauer.		
Und dann stach sich die Prinzessin. Und dann schlief sie ein.		
Sie schlief hundert Jahre, und alle im Schloss machten das mit ihr.		
Eine Dornenhecke kam.		
Der Prinz machte sie kaputt und küsste sie.		

❷ Überprüfe dein fertiges Märchen mithilfe der Checkliste und verbessere es, falls notwendig.

Checkliste ✓ Ein Märchen schreiben		☺	☹
Inhalt	✓ Plane dein Märchen mithilfe der **Handlungsbausteine**: 1. Ausgangssituation der Hauptfigur, 2. Problem, 3. Lösungsversuche, 4. Ende	☐	☐
	✓ Achte auf **typische Märchenmerkmale**, z. B. Hauptperson, Gegenspieler, Helfer, magische Orte, magische Zahlen …	☐	☐
Sprache	✓ Formuliere eine spannende und geheimnisvolle **Märchenüberschrift**.	☐	☐
	✓ Achte auf die typische **Märchensprache**.	☐	☐
	✓ Nutze **Erzähltricks**:		
	- Abwechslungsreiche **Satzanfänge** und **Formulierungen** machen das Märchen spannender.	☐	☐
	- Passende **Adjektive** und **Verben** machen das Erzählte anschaulicher.	☐	☐
	- Die Schilderung von **Gedanken** und **Gefühlen** der Figuren lassen die Leser/-innen mitfühlen.	☐	☐
	- Die **wörtliche Rede** macht das Erzählte lebendiger.	☐	☐
Zeitform	✓ Schreibe im **Präteritum**.	☐	☐

Kolossal komisch
Lügengeschichten untersuchen

S. 132

Die Reise nach Russland *Gottfried August Bürger*

Der Baron Freiherr von Münchhausen saß oft umringt von seinen Freunden am Kaminfeuer und erzählte von seinen Abenteuern.

Ich trat meine Reise nach Russland von Haus ab mitten im Winter an, weil ich ganz richtig schloss, dass Frost und Schnee die Wege durch die nördlichen Gegenden von Deutschland, Polen, Kur- und Livland[1], [...] aus-
5 bessern müssten. Ich reisete zu Pferde, welches, wenn es sonst nur gut um Gaul und Reiter steht, die bequemste Art zu reisen ist. [...] Ich war nur leicht bekleidet, welches ich ziemlich übel empfand, je weiter ich gegen Nordost hin kam.
10 Nun kann man sich einbilden, wie bei so strengem Wetter, unter dem rauesten Himmelsstriche[2], einem armen alten Manne zumute sein musste, der in Polen auf einem öden Anger[3], über den der Nordost hinschnitt, hülflos und schaudernd dalag und kaum hatte,
15 womit er seine Schamblöße bedecken konnte.
Der arme Teufel dauerte[4] mir von ganzer Seele. Ob mir gleich selbst das Herz im Leibe fror, so warf ich dennoch meinen Reisemantel über ihn her. Plötzlich erscholl eine Stimme vom Himmel, die dieses Liebes-
20 werk ganz ausnehmend herausstrich und mir zurief: „Hol mich der Teufel, mein Sohn, das soll dir nicht unvergolten[5] bleiben!"
Ich ließ das gut sein und ritt weiter, bis Nacht und Dunkelheit mich überfielen. Nirgends war ein Dorf zu hö-
25 ren noch zu sehen. Das ganze Land lag unter Schnee und ich wusste weder Weg noch Steg. Des Reitens müde, stieg ich endlich ab und band mein Pferd an eine Art von spitzem Baumstaken[6], der über dem Schnee hervorragte. Zur Sicherheit nahm ich meine Pistolen
30 unter den Arm, legte mich nicht weit davon in den Schnee nieder und tat ein so gesundes Schläfchen, dass mir die Augen nicht eher wieder aufgingen, als bis es hellerlichter Tag war.
Wie groß war aber mein Erstaunen, als ich fand, dass
35 ich mitten in einem Dorfe auf dem Kirchhofe lag! Mein Pferd war anfänglich nirgends zu sehen; doch hörte

ich's bald darauf irgendwo über mir wiehern. Als ich nun emporsah, so wurde ich gewahr[7], dass es an den Wetterhahn des Kirchturms gebunden war und von da
40 herunterhing. Nun wusste ich sogleich, wie ich dran war. Das Dorf war nämlich die Nacht über ganz zugeschneiet gewesen; das Wetter hatte sich auf einmal umgesetzt; ich war im Schlafe nach und nach, so wie der Schnee zusammengeschmolzen war, ganz sanft
45 herabgesunken; und was ich in der Dunkelheit für den Stummel eines Bäumchens, der über dem Schnee hervorragte, gehalten und daran mein Pferd gebunden hatte, das war das Kreuz oder der Wetterhahn des Kirchturmes gewesen.
50 Ohne mich nun lange zu bedenken, nahm ich eine von meinen Pistolen, schoss nach dem Halfter, kam glücklich auf die Art wieder an mein Pferd und verfolgte meine Reise. [...]

---

1 Kur- und Livland: Gegenden, die heute in Lettland und Estland liegen
2 Himmelsstrich: Gegend
3 Anger: *hier* grasbewachsenes Land
4 dauern: *hier* leidtun
5 unvergolten bleiben: ohne Belohnung bleiben
6 Baumstaken: Baumspitze
7 wurde ich gewahr: bemerkte ich

1 a) Lügengeschichten sind meistens nach einem festen Schema aufgebaut.

Suche die Handlungsbausteine in Münchhausens Erzählung und markiere sie in den folgenden Farben:

Ausgangssituation	Problem	Lösungsversuche	Ende

b) Von wo bis wo reichen die einzelnen Bausteine? Trage unten in die Handlungsbausteine die Zeilenangaben ein.

c) Schreibe zu jedem Handlungsbaustein in Stichpunkten unten auf, was passiert.

Ausgangssituation der Hauptfigur	Problem	Lösung	Ende
Z. _____ – Z. _____	Z. _____ – Z. _____	Z. _____ – Z. _____	Z. _____ – Z. _____
Münchhausen reist im Winter mit dem Pferd nach Russland; wird müde, legt sich in den Schnee, bindet Pferd an Baumspitze			

2 Untersuche, wie glaubhaft die einzelnen Erzählabschnitte sind. Halte deine Ergebnisse in einer „Lügenkurve" fest.

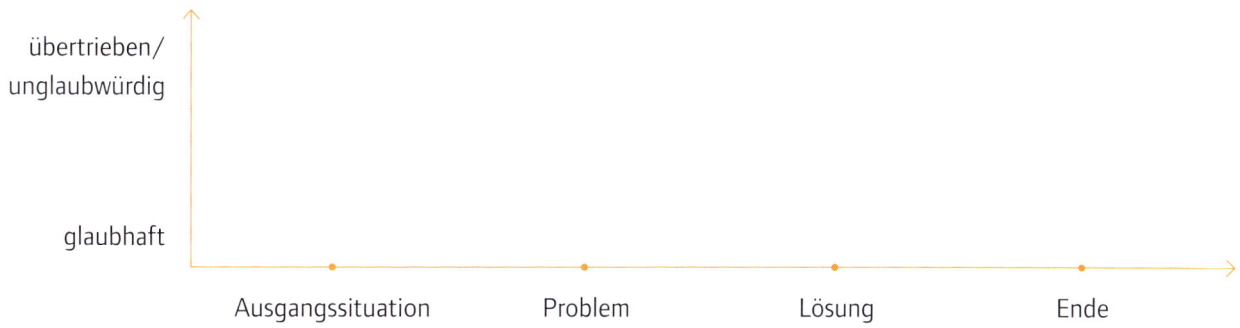

übertrieben/
unglaubwürdig

glaubhaft

Ausgangssituation   Problem   Lösung   Ende

Literarische Figuren beschreiben

S. 138

Jim Knopf und Lukas der Lokomotivführer *Michael Ende*

Auf der Suche nach der entführten Prinzessin Li Si mussten Jim Knopf und Lukas der Lokomotivführer mit ihrer Lokomotive Emma viele gefährliche Gegenden durchqueren. Besonders unwirtlich war die Wüste „Das Ende der Welt", die mit ihren Fata Morganas dafür sorgte, dass Jim und Lukas die Orientierung verloren. In dem Moment, in dem die untergehende Sonne ihnen eine Verschnaufpause gönnte, hatten sie folgende Begegnung:

Am Horizont stand ein Riese von so ungeheurer Größe, dass selbst das himmelhohe Gebirge „Die Krone der Welt" neben ihm wie ein Haufen Streichholzschachteln gewirkt hätte. Offenbar war er ein sehr alter großer
5 Riese, denn er hatte einen langen weißen Bart, der ihm bis auf die Knie herabhing und merkwürdigerweise zu einem dicken Zopf geflochten war. Wahrscheinlich, weil es auf diese Weise einfacher war, den Bart in Ordnung zu halten. Man kann sich ja vorstellen, wie müh-
10 sam es sein muss, einen solchen Urwald jeden Tag zu kämmen! Auf dem Kopf trug der Riese einen alten Strohhut. Wo in aller Welt mochte es nur so riesige Strohhalme geben? Der gewaltige Leib steckte in einem alten, langen Hemd, das freilich größer war als die
15 allergrößten Schiffssegel. [...]

Plötzlich hob der Riese beide Hände, faltete sie und rief mit einem ganz dünnen armseligen Stimmchen:

„Bitte, bitte, ihr Fremden, lauft nicht fort! Ich will euch gewiss nichts tun!"
20 Bei seiner Größe hätte die Stimme eigentlich wie ein Donnerwetter klingen müssen. Das war aber keineswegs der Fall. Was konnte das für einen Grund haben? [...]

„Also Freunde", rief er mit seiner dünnen Stimme,
25 „dann komme ich jetzt!"

Und damit setzte er sich in Bewegung und schritt auf Jim und Lukas zu. Aber was nun geschah, war so erstaunlich, dass Jim Mund und Nase aufsperrte und Lukas an seiner Pfeife zu ziehen vergaß.
30 Der Riese kam Schritt für Schritt näher und bei jedem Schritt wurde er ein Stückchen kleiner. Als er etwa noch hundert Meter entfernt war, schien der nicht mehr viel größer zu sein als ein hoher Kirchturm. Nach weiteren fünfzig Metern hatte er nur noch die Höhe eines Hauses. Und als er schließlich bei Emma anlangte, war er genauso groß wie Lukas der Lokomotivführer. Er war sogar fast einen halben Kopf kleiner. Vor den beiden staunenden Freunden stand ein magerer alter Mann mit einem feinen und gütigen Gesicht.

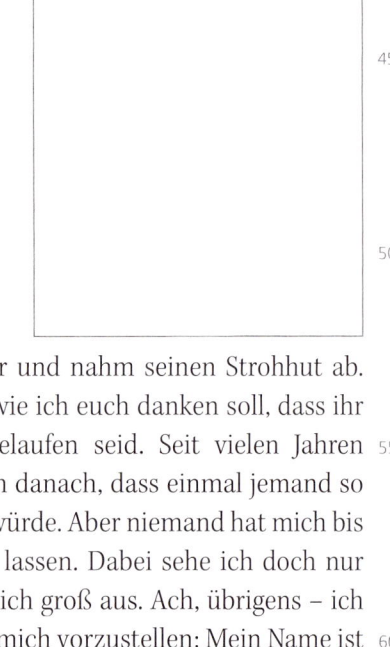

35

40

45

50

„Guten Tag!", sagte er und nahm seinen Strohhut ab. „Ich weiß gar nicht, wie ich euch danken soll, dass ihr nicht vor mir weggelaufen seid. Seit vielen Jahren 55 schon sehne ich mich danach, dass einmal jemand so viel Mut aufbringen würde. Aber niemand hat mich bis jetzt näher kommen lassen. Dabei sehe ich doch nur von ferne so schrecklich groß aus. Ach, übrigens – ich habe ganz vergessen mich vorzustellen: Mein Name ist 60 Tur Tur. Mit Vornamen heiße ich Tur und mit Nachnamen auch Tur."

❶ Unterstreiche in dem Text über Herrn Tur Tur:
   - rot, was du über sein Aussehen erfährst (äußere Merkmale),
   - gelb, was seine Handlungen oder sein Verhalten beschreibt,
   - grün, was du über seine Lebensumstände erfährst,
   - blau, was du zusätzlich über seine Eigenschaften erfährst.

❷ Male in die freie Fläche ein Bild von Herrn Tur Tur, so wie du ihn dir nach der Lektüre des Textes vorstellst.

❸ a) Lege in deinem Heft eine Mindmap nach folgendem Muster an.
Ergänze Stichpunkte zu Herrn Tur Tur. Nutze deine Ergebnisse aus Aufgabe 1.

b) Aus einigen Informationen kannst du auf weitere Eigenschaften von Herrn Tur Tur oder auf Gründe für sein Verhalten schließen. Trage diese Schlussfolgerungen in die Mindmap mit Pfeilen und Zeilenangaben ein.

❹ a) Lies die folgende Textstelle über Herrn Tur Tur. Welche der Schlussfolgerungen im Kasten unten kannst du mit Informationen aus dem Text belegen? Notiere die passenden Zeilenangaben.

b) Welche Schlussfolgerungen kannst du nicht nachvollziehen? Streiche sie.

[...] Und warum wohnen Sie jetzt hier in der Wüste ‚Das Ende der Welt'?", erkundigte sich Jim teilnahmsvoll. Der feine alte Mann tat ihm richtig leid.

„Das kam so", erklärte Herr Tur Tur. „Ich bin in Lari-
5 pur geboren. Das ist eine große Insel im Norden von Feuerland. Meine Eltern waren die einzigen Menschen, die keine Angst vor mir empfanden. Es waren überhaupt sehr liebe Eltern. Als sie gestorben waren, beschloss ich auszuwandern. Ich wollte ein Land suchen, wo die Leute keine Angst vor mir hätten. Ich bin durch 10 die ganze Welt gezogen, aber es war überall das Gleiche. Da bin ich zuletzt in die Wüste gegangen, damit niemand mehr durch mich erschreckt würde. Sie beide, meine Freunde, sind seit meinen Eltern die ersten Menschen, die sich nicht vor mir fürchten. Ich habe 15 mich unbeschreiblich danach gesehnt, einmal noch, ehe ich sterbe, mit jemandem reden zu können. [...]"

> Herr Tur Tur fühlt sich einsam (Z. ___). – Er ist sich seiner Wirkung bewusst (Z. ___). – Herr Tur Tur reist gern (Z. ___). – Der Scheinriese sorgt sich um andere Menschen und möchte ihnen keinen Schrecken einjagen (Z. ___). – Der alte Mann ist freundlich und zuvorkommend (Z. ___). – Der hagere alte Herr ist sehr neugierig (Z. ___). – Herr Tur Tur hadert mit seinem Dasein als Scheinriese, weil es ihm den Kontakt zu anderen Menschen erschwert (Z. ___). – Herr Tur Tur sehnt sich danach, noch einmal jung zu sein (Z. ___).

❺ Beschreibe Herrn Tur Tur in deinem Heft. Orientiere dich dabei an der Checkliste.

Checkliste ✔ Literarische Figuren beschreiben	☺	☹
✓ Mache in deinem **ersten Satz deutlich**, wen du beschreibst.	☐	☐
✓ Suche Informationen über die **äußeren Merkmale** der Figur im Text und beschreibe sie.	☐	☐
✓ Gib in deiner Beschreibung Auskunft darüber, **wie sich die Figur verhält**.	☐	☐
✓ Nenne, sofern möglich, **Ursachen und Gründe für dieses Verhalten**.	☐	☐
✓ Prüfe, ob du aus dem Verhalten auch **Schlussfolgerungen auf weitere Eigenschaften** ziehen kannst.	☐	☐

Lauter Unsinn?
Gedichte untersuchen

S. 154

Der Lattenzaun *Christian Morgenstern*

x x́ x x́ x x́ x x́
Es war einmal ein Lattenzaun,   a

Mit Zwischenraum, hindurchzuschaun.   a

Ein Architekt, der dieses sah,

stand eines Abends plötzlich da –

5 und nahm den Zwischenraum heraus

und baute draus ein großes Haus.

Der Zaun indessen stand ganz dumm

mit Latten ohne was herum.

Ein Anblick grässlich und gemein.

Drum zog ihn der Senat auch ein.   10

Der Architekt jedoch entfloh

nach Afri- od- Ameriko.

❶ Wie gefällt dir das Gedicht? Begründe kurz.

❷ a) Prüfe die Reime. Markiere gleichfarbig, was gleich klingt, und bezeichne die Endreime mit kleinen Buchstaben.
   b) Kreuze an, welche Art von Endreim Christian Morgenstern verwendet hat:

   ☐ Paarreim: *aa bb*   ☐ Kreuzreim: *ab ab*   ☐ umarmender Reim: *abba*

❸ Untersuche das Metrum des Gedichts. Gehe dabei so vor:
   a) Sprich die Verse laut. Klatsche zu jeder betonten Silbe laut und zu jeder unbetonten Silbe leise.
   b) Schreibe über die Verse für jede Silbe ein x. Markiere alle betonten Silben mit einem Akzent über dem x (x́).
   c) Welches Metrum hat das Gedicht? Kreuze an:

   ☐ Jambus x x́ x x́   ☐ Trochäus x́ x x́ x

❹ Mach's wie Christian Morgenstern und verfasse ein Unsinnsgedicht mit gleichem Reimschema. Du kannst die Ideen im Wortspeicher nutzen. Schreibe in dein Heft.

Es war einmal ein Fahrradlicht,
doch leider funktioniert' es nicht …

Es war/waren einmal	… ein Fahrradlicht	… ein Apfelbaum	… paar dicke Bohlen
	… funktionierte nicht	… kaum/Raum	… gestohlen
	Ein Polizist, der …	Die Bäuerin, die …	Der Herr des Hauses, der …

Die Korf'sche Uhr   *Christian Morgenstern*

Korf erfindet eine Uhr,

die mit zwei Paar Zeigern kreist

und damit nach vorn nicht nur,

sondern auch nach rückwärts weist.

5 Zeigt sie zwei, – somit auch zehn;

zeigt sie drei, – somit auch neun;

und man braucht nur hinzusehn,

um die Zeit nicht mehr zu scheun.

Denn auf dieser Uhr von Korfen,

mit dem janushaften[1] Lauf,   10

(dazu ward sie so entworfen):

hebt die Zeit sich selber auf.

1   Janus: römischer Gott mit zwei Gesichtern, von denen eins vorwärts
    und eins rückwarts schaut

❶ Wie gefällt dir das Gedicht? Begründe kurz.

Das Gedicht gefällt mir gut / nicht gut, weil

_____

_____ .

❷ Untersuche die Form des Gedichts genauer:
   a) Markiere die Endreime und bezeichne sie mit kleinen Buchstaben.
   b) Kreuze die richtige Bezeichnung der Reimform an:

   ☐ Kreuzreim *ab ab*   ☐ umarmender Reim *abba*   ☐ Paarreim *aa bb*

   c) Versuche durch Sprechen und Klatschen das Metrum herauszufinden: Welche Silben sind betont und welche
      unbetont? Markiere sie wie auf Seite 30.
   d) Welches Metrum hat das Gedicht? Kreuze an:

   ☐ Jambus x x́ x x́   ☐ Trochäus x́ x x́ x

❸ Schreibe eine ähnliche Gedichtstrophe zu einer witzigen Erfindung. Du kannst den Wortspeicher nutzen.

Hut – dreht – Glut – zuweht / Kanne – gießt – Panne – fließt/schließt

Korf erfindet einen …

_____

_____

_____

_____

31

Bundeslied der Galgenbrüder   *Christian Morgenstern*

O schauerliche Lebenswirrn,

wir hängen hier am roten Zwirn!

Die Unke unkt, die Spinne spinnt

und schiefe Scheitel kämmt der Wind.

5 O Greule, Greule, wüste Greule!

Du bist verflucht, so sagt die Eule.

Der Sterne Licht am Mond zerbricht.

Doch dich zerbrach's noch immer nicht.

O Greule, Greule, wüste Greule!

10 Hört ihr den Ruf der Silbergäule?

Es schreit der Kauz: pardauz! pardauz!

Da taut's, da graut's, da braut's, da blaut's!

❶ Lies das Gedicht laut. Was fällt dir auf? Schreibe Stichpunkte.

_____

_____

❷ Untersuche das Gedicht genauer:
   a) Unterstreiche die Stellen, an denen sich derselbe Anfangslaut wiederholt (Stabreim/Alliteration), z. B.:
      Unke unkt.
   b) Kreise Wortwiederholungen ein.
   c) Markiere die Stellen, an denen sich die Laute *eu* und *au* im Wort wiederholen (Binnenreim).

❸ a) Versuche, selbst Stabreime (Alliterationen) zu finden. Schreibe mindestens sechs Beispiele auf.

   krächzende Krähen,

   _____

   b) Suche möglichst viele Wörter und Wendungen, die *au* oder *eu* enthalten, und notiere sie.

   trauriges Blau, abscheulicher Beutel,

   _____

   _____

Lehrmeisterin Natur   *Robert Gernhardt*

Vom Efeu können wir viel lernen:

Er ist sehr grün und läuft spitz aus.

Er rankt rasch, und er ist vom _____, (Haus, Heim, Baum)

an dem er wächst, schwer _____ . (herauszureißen / loszuwerden / zu entfernen)

5 Was uns der Efeu lehrt? Ich will es so _____ : (umreißen / umschreiben / sagen)

Das Grünsein lehrt er uns. Das rasche Ranken.

Den spitzen Auslauf und, um _____ (den Vorschlag / den Gedanken / die Idee)

noch abzurunden: auch das Haftenbleiben.

4 a) Welches Wort in der Klammer passt jeweils? Füge es ein.
   b) Um welches Reimschema handelt es sich bei dem Gedicht? Notiere es.

   Reimschema: _____

   c) Markiere die betonten und unbetonten Silben wie auf Seite 30. Um welches Metrum handelt es sich?

   Es handeltt sich um einen _____ .

Checkliste ✔	Gedichte untersuchen

Allgemeines	✓ Lies das Gedicht laut und kläre für dich:
	  – Wie **wirkt** das Gedicht auf dich?
	  – Was ist **typisch** für ein Gedicht?
	  – Was **überrascht** dich?

Reim	✓ Untersuche, ob es einen Endreim gibt und um welches Reimschema es sich handelt:
	  – **Paarreim:** *aa bb*
	  – **Kreuzreim:** *ab ab*
	  – **umarmender Reim:** *abba*
	
	✓ Überprüfe, ob sich bestimmte Laute am Wortanfang oder im Wort wiederholen (Stabreim oder Binnenreim).

Metrum	✓ Sprich das Gedicht laut und klatsche bei den **betonten Silben** laut und bei den **unbetonten Silben** leise.
	
	✓ Markiere das Metrum folgendermaßen:
	  – x x́ x x́ = Jambus
	  – x́ x x́ x = Trochäus

Detektive des Alltags

S. 176

Sachtexte erschließen

Stimmt's? Können Tiere Muskelkater bekommen? *Christoph Drösser*

Die Muskeln aller Säugetiere funktionieren auf dieselbe Weise, und deshalb können auch alle Tiere Muskelkater bekommen. Die Ursache dafür ist nicht, wie oft behauptet, eine „Übersäuerung" der Muskeln, sondern es
5 sind echte Verletzungen, feine Risse der Muskelfasern, die zu diesen Schmerzen führen.

Muskelkater entsteht vor allem dann, wenn man die Muskeln stärker als gewöhnlich belastet. Wild lebende Tiere, die ständig in Bewegung sind, dürften das
10 Problem also selten haben.

Wenn man aber zum Beispiel mit seinem Hund, der die meiste Zeit im Wohnzimmer verbringt, plötzlich die wildesten Spiele im Freien veranstaltet, können dessen Muskeln nachher durchaus schmerzen. Bloß
15 kann er Herrchen oder Frauchen nicht mitteilen, welche Art von Schmerzen ihn da plagen. Man merkt es allenfalls daran, dass er keine Lust hat, sich zu bewegen, nicht rausgehen will oder aufjault, wenn man die entsprechenden Körperteile berührt.

20 Behandeln sollte man den tierischen Muskelkater wie den menschlichen: Schmerzende Partien, wie häufig angeraten, weiter zu belasten, ist keine gute Empfehlung. Ebenso wenig eine Knetmassage. Der Betroffene braucht Ruhe; ebenso können warme Bäder und
25 allenfalls sanfte Streichelmassagen helfen. Letztere sind allerdings nicht bei allen Tierarten angesagt – von Muskelkater geplagte Zirkuslöwen sollte man eher gar nicht an ihre schmerzenden Glieder fassen.

Strategie: Sich einen Überblick verschaffen

❶ Lies den Text einmal zügig durch und beantworte anschließend die folgende Frage:
Zu welchem Thema liefert der Text Informationen?

_____

_____

❷ Erkläre mithilfe der Textinformationen kurz, was Muskelkater ist.

_____

_____

Strategie: Informationen im Text markieren

3 Markiere alle Informationen im Text zu den folgenden Fragen in drei unterschiedlichen Farben:
- <u>rot</u>: Was ist die Ursache von Muskelkater?
- <u>blau</u>: Wie entsteht Muskelkater?
- <u>gelb</u>: Wie sollte man Muskelkater behandeln?

Strategie: Unbekannte Begriffe klären

4 Versuche, den Begriff „Muskelfaser"zu erklären.

_____

_____

Strategie: Einen Text durch Fragen gliedern

5 a) Welche Frage wird im ersten Textabschnitt beantwortet? Kreuze an.
- ☐ Was ist die Ursache von Muskelkater?
- ☐ Wie funktionieren die Muskeln der Tiere?
- ☐ Was ist eine „Übersäuerung" der Muskeln?

b) Formuliere nun zu jedem Absatz des Textes eine Frage, die im Text beantwortet wird.

c) Beantworte anschließend die Fragen in Stichpunkten.

Absatz	Frage	Antwort
Absatz 1:		
Absatz 2:		*starke Belastung der Muskeln, daher haben Wildtiere kaum Muskelkater*
Absatz 3:		
Absatz 4:		

Das Radar

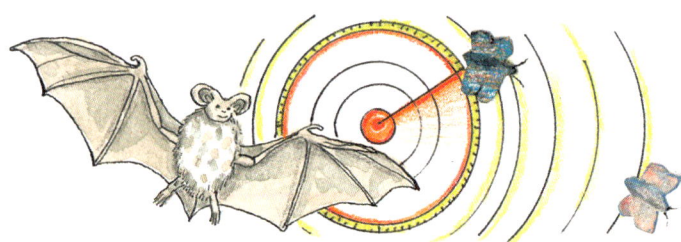

Die Fledermäuse kennen das längst: Sie stoßen Laute aus und fangen mit ihren großen Ohren das Echo auf, das zurückkommt. Woher das Echo kommt und wie schnell es da ist – das sagt ihnen, was für Gegenstände

5 im Dunkeln vor ihnen sind und wie weit sie entfernt sind. Das Radargerät der Menschen arbeitet ähnlich, aber nicht mit Schall, sondern mit Funk. Eine Radarantenne sendet einen gebündelten Strahl von elektromagnetischen Wellen aus. Dabei dreht sie sich langsam im

10 Kreise. Die Funkwellen breiten sich nach allen Richtungen aus. Treffen sie auf einen Gegenstand, z. B. auf ein Flugzeug, so werden sie von diesem zurückgeworfen zur Radarstation. Die Radarantenne empfängt die reflektierten Funkwellen – so wie ein Echo – und der Umriss des Gegenstandes erscheint auf dem Radar-

15 schirm. Durch die Zeit, die die Strahlen brauchen, bis sie zurückkehren, lässt sich die Entfernung des Gegenstandes feststellen. Das Radargerät kann daher genau vermessen, wo sich der Gegenstand befindet, wie weit er entfernt ist, wie rasch und in welcher Richtung er

20 sich bewegt. Radar ist z. B. wichtig, wenn ein Schiff im Nebel seinen Weg finden soll, ohne auf andere Schiffe oder einen Eisberg zu stoßen. Und ein Flugzeug kann bei Nacht oder bei Nebel – also im Blindflug – mithilfe des Radars sicher landen.

25

Strategien: Sich einen Überblick verschaffen und Informationen markieren

❶ Lies den Text zügig durch und beantworte anschließend die Frage:
Was haben Fledermäuse mit einem Radar zu tun?

_____

_____

❷ Markiere in drei unterschiedlichen Farben alle Informationen im Text zu folgenden Fragen:
- rot: Wie orientieren sich Fledermäuse?
- blau: Wie funktioniert ein Radarsystem?
- gelb: Welche Aufgaben hat das Radar?

❸ Erkläre die Bedeutung folgender Wörter aus dem Textzusammenhang.

Radar: _____

elektromagnetisch: _____

reflektiert: _____

Strategie: Einen Text durch Fragen gliedern

❹ a) Gliedere den Text „Das Radar" in drei inhaltlich zusammengehörende Absätze.

b) Formuliere zu jedem Absatz eine Frage, die in diesem Absatz beantwortet wird, und notiere die Antwort.

Zeilenangabe	Frage	Antwort
Absatz 1: Zeilen 1 bis ___		
Absatz 2: Zeilen ___ bis ___		
Absatz 3: Zeilen ___ bis ___		

Strategie: Textinhalte strukturiert darstellen

❺ Schreibe die Funktionsweise des Radars als Liste auf. Schreibe Stichpunkte.

1. *Radarantenne sendet Strahl elektromagnetischer Wellen aus*

2.

3.

4.

5.

Checkliste ✔ **Sachtexte erschließen**	
Strategie: Sich einen Überblick verschaffen	✓ Lies den Text einmal durch und kläre, worum es geht.
Strategie: Informationen in Texten markieren	✓ Überlege, welche Informationen du aus dem Text benötigst. ✓ Markiere alle Textstellen, die dir diese Informationen geben.
Strategie: Unbekannte Begriffe klären	✓ Versuche, unbekannte Begriffe aus dem Textzusammenhang zu klären. ✓ Schlage in einem Wörterbuch nach, falls notwendig.
Strategie: Einen Text durch Fragen gliedern	✓ Formuliere zu jedem Absatz des Textes eine Frage, die in diesem Absatz beantwortet wird.
Strategie: Textinhalte strukturiert darstellen	✓ Stelle die Informationen des Textes geordnet dar, z. B. in einer Liste oder einem Diagramm.

Wortarten erforschen
Das Nomen/Substantiv und seine Begleitwörter  S.203

1 a) Unterstreiche im Text alle Nomen/Substantive (ohne Eigennamen) und ihre Begleitwörter, sofern vorhanden.

Traumberufe

Die 14-jährige Sophia und der 16-jährige Marvin haben eines gemeinsam: Sie beherrschen eine Sportart richtig gut und träumen davon, sie zu ihrem Beruf zu machen.

5 Sophia ist Schwimmerin und wurde vor zwei Jahren an einem Sportinternat aufgenommen. Hier lernen und trainieren Mädchen und Jungen, die in ihren Sportarten zur Weltspitze zählen wollen. Sophia hat wenig Freizeit: Nach dem täglichen Training macht sie oft noch ihre Hausaufgaben. 10

Marvin besucht das Deutsche Fußball Internat (DFI). Weil er unbedingt Fußballprofi werden will, zog er von seiner Heimatstadt Flensburg nach Bad Aibling in der Nähe von München. Hier trainiert er mit anderen Nachwuchsspielern. Obwohl Marvin manchmal seine 15 Familie vermisst, ist er stolz, im DFI ausgebildet zu werden.

b) Wähle jeweils zwei Wörter im Maskulinum, zwei im Femininum und zwei im Neutrum aus dem Text aus und trage sie mit Artikel im Singular und Plural in die Tabelle ein.

	Maskulinum	Femininum	Neutrum
Singular			*das Jahr*
Plural		*die Hausaufgaben*	

2 a) Gummibärchentesterin, Profiurlauber oder Longboard-Rennfahrer? Schreibe vier weitere Fantasieberufe auf.

b) Dekliniere nun einen deiner Fantasieberufe im Maskulinum und einen im Femininum in der Tabelle.

Kasus	Maskulinum Singular	Femininum Singular
Nominativ Wer oder was?	*der*	*die*
Genitiv Wessen?		
Dativ Wem?		
Akkusativ Wen oder was?		

3 a) Ergänze die Sätze in der linken Spalte mit Traumberufen aus dem Kasten. Achte auf die richtige Form.
b) Bestimme jeweils Genus, Numerus und Kasus und kreuze an.

Kapitän · Zauberer · Elefantentrainerinnen · Primaballerina

	Genus	Numerus	Kasus
A Dem_____ schaut das Publikum genau auf die Finger, um seine Tricks zu durchschauen.	☐ Maskulinum ☐ Femininum	☐ Singular ☐ Plural	☐ Nominativ ☐ Dativ
B Die _____ bewundern die Leute, weil sie so selbstverständlich mit großen Tieren umgehen.	☐ Maskulinum ☐ Femininum	☐ Singular ☐ Plural	☐ Dativ ☐ Akkusativ
C Die _____ muss sehr gelenkig sein.	☐ Maskulinum ☐ Femininum	☐ Singular ☐ Plural	☐ Nominativ ☐ Akkusativ
D Aufgabe des _____ ist es, sich gut auf den Weltmeeren auszukennen.	☐ Maskulinum ☐ Femininum	☐ Singular ☐ Plural	☐ Genitiv ☐ Dativ

4 Der Artikel ist eines der wichtigsten Begleitwörter des Nomens/Substantivs. Entscheide, wo du einen bestimmten, einen unbestimmten oder keinen Artikel brauchst. Ergänze die passenden Artikel in der richtigen Form.

Skateistan

In _der_ afghanischen Hauptstadt Kabul hat Oliver Percovich aus Australien _____ besondere Sportschule

gegründet. Dafür sammelte er _____ Spenden in _____ ganzen Welt. Skateistan ist _____ Skatehalle

mit _____ Rampen und _____ richtigen Halfpipe, wo _____ Kinder Skaten lernen können. Da es in

Kabul kaum Freizeitangebote für Jugendliche gibt, kommen sehr viele Kinder regelmäßig in _____ Skatehalle.

5 Es gibt allerdings _____ Bedingung, wenn man hier skaten will: Für jede Stunde Skaten in _____ Halle

muss man an einer Unterrichtsstunde in der Schule teilnehmen. Für viele Kinder, die nicht _____ Möglichkeit

hatten, _____ Schule zu besuchen, ist dies _____ Chance, Lesen und Schreiben zu lernen. Einige Kinder

beherrschen _____ Skateboardfahren inzwischen so gut, dass sie _____ anderen Kindern _____

Tricks beibringen können. Es ist _____ großer Erfolg, dass auch _____ Mädchen darunter sind.

10 Noch vor einigen Jahren durften diese in Afghanistan noch nicht einmal in die Schule gehen. _____ Sportart

auszuüben, war ihnen ebenfalls verboten. Deshalb ist _____ Mädchen auf _____ Skateboard hier immer

noch etwas Besonderes.

Das Adjektiv

S. 209

❶ Unterstreiche im Text alle Adjektive.

Kinderzirkus zum Mitmachen

In einem Zirkus ist jeder schon einmal gewesen: Durch ein großes Tor betreten die Zuschauer eine bunte Welt, in der sie über tollpatschige Clowns lachen, spektakuläre Akrobatik bewundern und sich durch fantasievolle Geschichten verzaubern lassen können. Doch Zirkus kann auch eine besondere Aufgabe haben. Ein ungewöhnliches Projekt versucht, Kindern und Jugendlichen in schwierigen Situationen zu helfen.

❷ a) Setze die Adjektive aus dem Wortspeicher in der richtigen Form ein.
   b) Unterstreiche die Adjektive, die ein Nomen/Substantiv begleiten, blau und diejenigen, die kein Nomen/Substantiv begleiten, rot. Was fällt dir auf?

russisch · regelmäßig · stolz · problematisch · arm · erstaunlich · neu

Der Kinderzirkus Upsala kümmert sich um Kinder und Jugendliche in der _____

Stadt St. Petersburg. Viele von ihnen sind sehr _____. Sie sind Straßenkinder oder kommen

aus _____ Familienverhältnissen. Durch das _____ Training mit

Artisten und Sozialpädagogen stellen sie sich einer Herausforderung, die ihnen eine Alternative zur Straße bietet

5 und ihnen _____ Selbstbewusstsein gibt. Viele entwickeln _____ Fähigkeiten,

einige arbeiten mittlerweile sogar als Trainer im Projekt mit. Die Erfolge in der Manege geben ihnen einen

Grund, _____ auf sich zu sein.

❸ hoch, höher, am höchsten … Mit Adjektiven kann man Dinge und Eigenschaften miteinander vergleichen.
   Stell dir vor, du bist Zirkusdirektor und willst das Publikum auf die Vorstellung einstimmen.
   Ergänze die Adjektive in Klammern in der richtigen Form und entscheide, wo du den Positiv, den Komparativ oder den Superlativ benutzen musst.

Sehr verehrtes Publikum!

Willkommen in unserem *weltberühmten* (weltberühmt) Zirkus. Erleben Sie eine Show der

_____ (gut) Artisten: Nirgendwo auf der Welt gibt es _____ (lustig) Clowns,

_____ (gefährlich) Raubtiere oder _____ (geschickt) Jongleure als bei uns.

Der _____ (groß) Elefant, der je in einem Zirkus aufgetreten ist, trifft auf den _____ (stark)

5 Mann der Welt. Unsere Kuppel ist so _____ (hoch), dass Sie hier die _____

(spektakulär) Akrobatik unserer Zeit bewundern können. Manege frei!

4 a) Auf den Bildern sind unterschiedliche Clowns zu sehen.
Notiere Adjektive, mit denen du sie vergleichen kannst. Verwende die Adjektive im Positiv, Komparativ oder Superlativ. Der Wortspeicher hilft dir.

bunt · hell · dunkel · elegant · alltäglich · kostbar · spitz · groß · klein · dick · schlank · zierlich · kräftig · alt · jung · freundlich · fröhlich · lustig · komisch · traurig · ernsthaft · melancholisch

Beppo   August   Carlo

August   *ist dicker als* _____ Carlo

←_____

Carlo   _____ Beppo

←_____

Beppo   _____ August

←_____

b) Verfasse in deinem Heft eine Beschreibung der drei Clowns, in der du sie miteinander vergleichst.
Gehe z. B. auf die Größe, die Kleidung und den Gesichtsausdruck ein. Verwende deine Notizen aus
Aufgabe a).

Die Clowns August und Carlo sind ungefähr gleich groß, aber August wirkt etwas dicker als Carlo. Beppo ist der
kleinste der drei Clowns. Das Kostüm …

Das Personalpronomen

S. 214

❶ a) Unterstreiche im folgenden Text alle Nomen/Substantive (auch Namen), die mehrmals vorkommen.
b) Verbessere den Text, indem du an passenden Stellen die Nomen/Substantive durch Personalpronomen ersetzt.
c) Markiere mit Pfeilen, auf welche Sache oder Person sich die Personalpronomen beziehen.

Kinderschauspieler

Es

Tom Sawyer und Huckleberry Finn heißen die Hauptfiguren aus einem bekannten <u>Jugendbuch</u>. Das <u>Jugendbuch</u> wurde schon mehrmals verfilmt – zuletzt 2011. Doch wer steckt eigentlich hinter den Figuren? In diesem Fall sind es Leon Seidel und Louis Hofmann. Leon Seidel und Louis Hofmann wurden als Kinderschauspieler bekannt. Leon stand bereits mit 11 Jahren zum ersten Mal vor der Kamera. Heute ist Leon ein echter Profi, weil Leon schon in vielen Film- und Fernsehproduktionen mitgespielt hat.

❷ Nicht immer ist es sinnvoll, Nomen/Sustantive durch Personalpronomen zu ersetzen.
Überprüfe, an welchen Stellen du statt der Personalpronomen Nomen/Substantive (+ Artikel) aus dem Wortspeicher verwenden musst, und setze sie ein. Streiche an diesen Stellen die Personalpronomen.

der Schulalltag · den Kindern · die Arbeit beim Film · Gleichaltrigen

Sie _____ macht ihnen _____ meist Spaß – einige Nachteile hat sie

_____ jedoch: Sie _____ ruft bei ihnen _____ oft Neid

hervor. Außerdem ist es schwer, wenn er _____ nach der aufregenden Drehzeit wieder an-

fängt. Er _____ ist eben viel weniger aufregend.

Teste dich **Wortarten unterscheiden**

1 Welche Wortart wird in der linken Spalte beschrieben? Kreuze die richtige Antwort an.

- Ich bezeichne Lebewesen, Dinge oder Vorgänge, habe ein festes Genus und kann Singular und Plural bilden.	☐ Adjektiv	☐ Nomen/ Substantiv
- Ich gehöre zu den Begleitwörtern des Nomens/Substantivs.	☐ Artikel	☐ Personal- pronomen
- Ich kann für ein Nomen/Substantiv stehen, das schon genannt wurde.	☐ Adjektiv	☐ Personal- pronomen
- Mich kann man steigern. Wenn ich ein Nomen/Substantiv begleite, richtet sich meine Form nach ihm.	☐ Adjektiv	☐ Artikel

2 Markiere im folgenden Satz die fett gedruckten Wörter in den Farben der Wortarten aus Aufgabe 1.
Tim **jongliert** *in* **der Fußgängerzone** *mit* **bunten Bällen**. *Ein älterer Herr* **lobt** *ihn:* „Du könntest in den **Zirkus** gehen!"

Das Verb

S. 217

1 Ordne die folgenden Verbformen richtig in die Tabelle ein. Ergänze die jeweils fehlenden Verbformen.

~~gewann~~ · werfen · geworfen · bringen · ~~gewinnst~~ · warf · treffen · gelaufen · sprechen · lief · gebracht · gesprochen · ~~gewinnen~~ · triffst · getroffen · laufen · sprichst · springen · springst · ~~gewonnen~~ · traf

Infinitiv	Präsens	Präteritum	Partizip II
gewinnen	du gewinnst	sie gewann	gewonnen
werfen	du	sie	

2 Setze die Verben in Klammern in der richtigen Form ein. Deine Ergebnisse aus Aufgabe 1 helfen dir.

Olympische Jugendspiele

Seit 2010 gibt es Olympische Spiele, an denen nur Jugendliche zwischen 14 und 18 Jahren teilnehmen dürfen. Zu den ersten Olympischen Jugendspielen kamen 3600 Sportler/-innen aus rund 200 Ländern nach Singapur. Einige Sportler/-innen berichten über ihre Erfahrungen:

Jemma und Sarah, Hockeyspielerinnen aus den USA: „Wir _____ (finden) es 2010 besonders

schön, so viele Jugendliche aus aller Welt zu treffen."

Jun, Tischtennisspieler aus China: „Ich war überglücklich, denn ich hatte _____ (gewinnen)!"

Sören, Handballer aus Schweden: „Ich habe mit vielen anderen Sportlern _____ (sprechen)

und einiges über ihre Länder in Erfahrung _____ (bringen)."

3 Schreibe in deinem Heft die folgenden Sätze für alle Personen auf.

A	Ich **springe** am höchsten.	Ich *springe am höchsten.*	Wir ....
B	Ich **lief** am schnellsten.	Du *springst am höchsten.*	Ihr ...
C	Ich **habe** am weitesten **geworfen**.	Er/Sie ...	Sie ...

Die Tempusformen des Verbs: Präteritum und Plusquamperfekt

📖 S. 220

1 Vervollständige die Regel. Die Farben in der Übersicht auf Seite 43 helfen dir.

Bei den starken Verben ändert sich im _____ der Vokal im Wortstamm:

gew<u>i</u>nnen ⟶ gew<u>a</u>nn   Sie <u>gewannen</u> das Spiel. Wir <u>liefen</u> um die Wette.

Bei schwachen Verben wird im Präteritum ein **-t-** zwischen Stamm und Endung eingefügt:

konzentrieren ⟶ konzentrier**te**   Sie <u>konzentrier**te**</u> sich auf den Wettbewerb.

Das Plusquamperfekt wird aus dem _____ von haben oder sein (hatte, war) und

dem _____ des Verbs gebildet:

Sie <u>hatten</u> das Spiel <u>gewonnen</u>. Wir <u>waren</u> um die Wette <u>gelaufen</u>.

---

2 Ergänze die Verben in Klammern in der angegebenen Zeitform (Prät. = Präteritum, Plusqu. = Plusquamperfekt).

Zum ersten Mal bei den Olympischen Spielen

Lena Weigel, 16-jährige Triathletin, **war** (sein, Prät.) 2014 zum ersten Mal bei den Olympischen Jugendspielen

dabei. Bevor sie nach Nanjing in China _____ (aufbrechen, Prät.),

_____ (konzentrieren, Plusqu.) sie sich wochenlang ausschließlich auf den Sport _____.

Sie wusste, dass ihr Trainer sie gut _____ (vorbereiten, Plusqu.).

5 Triathlon besteht aus drei Disziplinen: Nachdem Lena _____ (schwimmen, Plusqu.),

_____ (fahren, Prät.) sie sofort im Anschluss eine Strecke von 20 km mit dem Fahrrad. Als sie das

_____ (schaffen, Plusqu.), _____ (laufen, Prät.) sie 5.000 Meter.

Nachdem sie das Ergebnis _____ (erfahren, Plusqu.), _____

(sein, Prät.) sie zufrieden: Für eine Medaille hatte es nicht gereicht, aber sie war unter die ersten zehn gekommen.

3 a) Ordne jeweils zwei passende Sätze durch Linien einander zu.

  b) Was war vorher und was nachher? Verbinde die beiden Sätze so, dass die Reihenfolge der Ereignisse deutlich wird. Beginne entweder mit „Nachdem …" oder „Bevor …". Schreibe in dein Heft.

Bevor Anne für den Dressurwettbewerb trainierte, hatte sie ihr Pferd gesattelt.

Sportleralltag

Anne sattelte ihr Pferd.	… siegte im Schwimmwettkampf der Schule.
Verena und Heiko übten Sprünge auf dem Eis.	… trainierte für den Dressurwettbewerb.
Thomas traf zehnmal hintereinander den Korb.	… und … liefen sich warm.
Lena trainierte den ganzen Sommer über im Freibad.	…. übte den ganzen Tag die richtige Wurftechnik.

4 a) Unterstreiche in dem folgenden Text die Verbformen im Präteritum rot und die im Plusquamperfekt blau.

  b) Trage dann die Tätigkeiten an der richtigen Stelle in die Tabelle ein.

Nachdem Philipp mit seinen Eltern **gefrühstückt hatte**, **fuhr** er mit dem Fahrrad zum Sportplatz. Als Philipp

schon **angekommen war**, **fuhr** Lisa erst zu Hause **los**. Sie **war** eine halbe Stunde später **aufgestanden** als

Philipp. Bevor Lisa **ankam**, **hatte** Philipp sich schon mit Dominik **unterhalten**, der eine Viertelstunde vor ihm

angekommen war. Als alle **angekommen waren**, **liefen** sie gemeinsam drei Runden um den Sportplatz.

Uhrzeit	Philipp	Lisa	Dominik
8:00	aufstehen	———	aufstehen
8:30			zum Sportplatz fahren
9:15	zum Sportplatz fahren	frühstücken	
9:30	am Sportplatz ankommen	———	Brötchen essen
9:35			mit Philipp unterhalten
9:45	———	am Sportplatz ankommen	———
9:50			drei Runden um den Sportplatz laufen
10:15	Weitsprung üben	Weitsprung üben	Weitsprung üben
10:45	werfen üben	werfen üben	werfen üben
11:15	unterhalten	unterhalten	nach Hause fahren
11:30	nach Hause fahren	nach Hause fahren	———

5 Vervollständige die folgenden Satzanfänge. Verwende dabei die Angaben aus der Tabelle und schreibe in dein Heft.

  A Nachdem Dominik aufgestanden war, …
  B Bevor Dominik …, hatte er ein Brötchen gegessen.
  C Nachdem Lisa …
  D Als Philipp, Lisa und Dominik …

Die Tempusformen des Verbs: Präsens, Perfekt und Futur

S. 222, S. 224

1 Vervollständige die Regel. Die Farben in der Übersicht auf Seite 43 helfen dir.

> Das Präsens wird aus dem Wortstamm und der Personalendung gebildet: *Er gewinnt das Spiel.*
>
> Das Perfekt wird aus dem Präsens von *haben* oder *sein* und dem _____ des Verbs gebildet: *Sie hat das Spiel gewonnen. Ihr seid um die Wette gelaufen.*
>
> Das Futur wird aus dem Präsens von *werden* und dem _____ des Verbs gebildet: *Er wird das Spiel gewinnen. Ihr werdet um die Wette laufen.*

2 Überlege, ob das Partizip der Verben im Kasten mit *haben* oder *sein* gebildet wird.
Bilde das Partizip und ordne es in die richtige Spalte der Tabelle ein.

> schlafen · 30 Bahnen schwimmen · frühstücken · lesen · durch den Wald laufen · Seil springen · Fahrrad fahren · Musik hören

Mia ist …	Nils hat …
… 30 Bahnen geschwommen	

3 Was hast du am letzten Wochenende gemacht?
Schreibe fünf Sätze im Perfekt in dein Heft. Verwende sowohl Verben, bei denen das Partizip II mit *haben* gebildet wird, als auch Verben, bei denen das Partizip II mit *sein* gebildet wird.

Ich habe …   *Ich bin …*

4 Unterstreiche im folgenden Text die Verbformen im Präsens grün, die Verbformen im Perfekt blau und die Verbformen im Futur rot.

Startschuss – ein Sportkrimi von Andreas Schlüter und Irene Margil

Michael, Linh, Ilka, Jabali und Lennart besuchen ein Sportinternat. Die fünf haben schon beachtliche Erfolge erzielt, denn sie beherrschen ihre Sportart jeweils ausgezeichnet. Im ersten Band der Reihe „Fünf Asse" wird erzählt, wie die Schule eine „Mini-Olympiade" veranstaltet. Die Teilnehmer sind aus ganz Deutschland angereist. Doch irgendjemand versucht, die Wettkämpfe zu beeinflussen. Werden die „Fünf Asse" den Täter finden?

5 a) Unterstreiche in jeder Aussage die Verben und schreibe das Tempus in Klammern.

b) Schreibe die Fortsetzungen im angegebenen Tempus auf. Nutze dafür die Stichpunkte in der Randspalte.

Michael: „Ich <u>habe</u> schreckliche Magenschmerzen. *(Präsens)*

Ich werde den 100-Meter-Lauf bestimmt nicht gewinnen." (Futur)   ~~100-Meter-Lauf ich nicht gewinnen~~

Ilka: „Seht mal! Da liegt Jabalis Rucksack im Papierkorb. (_____)

Bestimmt _____ ." *(Perfekt)*

stehlen

Linh: „Oh nein! Ilkas Badeanzug ist weg! (_____)

Sie _____ ." *(Futur)*

nicht schwimmen können

Jabali: „Der Täter wird uns sicher noch weitere Streiche spielen. (_____)

Wir _____ ." *(Präsens)*

ihn davon abhalten

Lennart: „Ich werde den Direktor informieren. (_____)

Er _____ ." *(Präsens)*

im Moment auf der Tribüne sitzen

Der Direktor: „Ich gratuliere euch! (_____)

Ihr _____ ." *(Perfekt)*

den Täter schnappen

Teste dich **Die Tempusformen des Verbs richtig verwenden**

Setze die Verben in Klammern in der richtigen Tempusform (Plusquamperfekt, Präteritum, Perfekt, Präsens oder Futur) ein.

Bei den Jugendwinterspielen in Innsbruck (2012) _____ (sein) die Trendsportart „Slopestyle" erstmals

olympische Disziplin. Zuvor _____ das Olympische Komitee lange _____

(diskutieren), wie man wieder mehr junge Leute für die Olympischen Spiele begeistern könnte.

Der Slopestyler _____ (müssen) eine Abfahrt mit Hindernissen bewältigen. Die Kampfrichter

_____ (vergeben) die meisten Punkte für besonders schwierige, hohe oder weite Sprünge und

Drehungen. Die 16-jährige Lara: „Ich _____ meine Technik im letzten Jahr weiter

_____ (verbessern)." Vielleicht _____ sie sogar an den nächsten Olympischen

Winterspielen _____ (teilnehmen).

Sätze und Satzglieder erforschen
Die Satzstruktur untersuchen

S. 226

1 a) Unterstreiche die finiten (gebeugten) Verbformen in den Sätzen in grün.

b) Welche Teile des Satzes kannst du ins Vorfeld des Satzes (vor die finite Verbform) stellen? Probiere es für jeden Beispielsatz aus.

c) Alle Teile eines Satzes, die du ins Vorfeld verschieben kannst, sind Satzglieder. Rahme die Satzglieder ein.

Einige Fernsehsender bieten Kindernachrichtensendungen an.

Vorfeld	linke Satzklammer: finiter Prädikatsteil	Mittelfeld	rechte Satzklammer: 2. Teil des Prädikats
Kindernachrichtensendungen	bieten	einige Fernsehsender	an.

An der Nachrichtensendung nehmen manchmal auch Kinderreporter teil.

Vorfeld	linke Satzklammer: finiter Prädikatsteil	Mittelfeld	rechte Satzklammer: 2. Teil des Prädikats

Auch einige Themen wählen Kinderreporter für die Sendung aus.

Vorfeld	linke Satzklammer: finiter Prädikatsteil:	Mittelfeld	rechte Satzklammer: 2. Teil des Prädikats

2 a) Unterstreiche in den folgenden Sätzen alle finiten Verbformen grün.

b) Stelle in deinem Heft jeden Satz so oft um wie möglich, und rahme die Satzglieder ein.

A Viele Kinder schauen die Kindernachrichtensendung „logo!" an.

B In der Regel spricht die Sendung „logo!" Kinder zwischen 9 und 11 Jahren an.

Das Subjekt

S. 229

❶ Das Subjekt eines Satzes erfragst du mit „Wer?" oder „Was?".
Erfrage das Subjekt in den folgenden Sätzen und markiere es gelb.

Die Moderatorinnen und Moderatoren erklären seit über 25 Jahren bei „logo!" ihren Zuschauern die Nachrichten.

Wer oder was erklärt bei „logo!" die Nachrichten?

Manchmal werden auch schwierige Meldungen, wie z. B ein Amoklauf an einer Schule, thematisiert.

Nach solchen Nachrichten bekommt die Redaktion immer zahlreiche Mails und Anrufe von Kindern.

Doch diese „Erwachsenenthemen" werden auch in den Kindernachrichten ernst genommen und thematisiert.

Mit „Hallo bei logo!" eröffnet der Nachrichtensprecher jede „logo!" Sendung im ZDF.

Die Objekte

S. 231

❶ Bei den Objekten unterscheidet man Dativobjekte (Frage: Wem?) und Akkusativobjekte (Frage Wen? oder Was?).
a) Erfrage die Objekte in den folgenden Sätzen mit den passenden Fragewörtern.
b) Markiere die Dativobjekte blau und die Akkusativobjekte braun.

Er hilft seiner Oma. *Wem hilft er? → seiner Oma*

Sie befragt ihre Mitschüler. _____

Sie begrüßen ihren neuen Klassenkameraden. _____

Das Tier gehört Herrn Meier. _____

Viele Menschen begleiten das Mädchen heute. _____

Der Richter glaubt dem Angeklagten. _____

Er gratuliert ihr zum Geburtstag. _____

2 Manche Sätze enthalten sowohl ein Dativobjekt als auch ein Akkusativobjekt.
Ermittle in den folgenden Sätzen die Objekte mithilfe der Frageprobe.
Markiere die Dativobjekte blau und die Akkusativobjekte braun.

In der Rubrik „Redezeit" können Zuschauer den Redakteuren neue
Themen vorschlagen.

_____

_____

Die „logo!"-Reporter stellen dann den Politikern Fragen.

_____

_____

3 Ob einem Verb ein Dativobjekt oder ein Akkusativobjekt folgt, hängt vom Verb ab.
a) Probiere es aus, indem du mit den Verben im Kasten Sätze mit einem Objekt bildest.
b) Überprüfe mithilfe der Frageprobe, ob es sich um ein Dativobjekt oder ein Akkusativobjekt handelt.
   Markiere die Dativobjekte blau und die Akkusativobjekte braun.

erkennen · helfen · befragen · begrüßen · gehören · begleiten · glauben · gratulieren

Beispielsatz	Frage	Art des Objekts
Ich erkenne meine beste Freundin sofort wieder.	Wen?	Akkusativobjekt

4 Ordne die Verben aus Aufgabe 3 richtig ein und suche für jeden Fall noch mindestens drei weitere Verben.

Diese Verben erfordern ein Dativobjekt. (Frage: Wem?)	Diese Verben erfordern ein Akkusativobjekt. (Frage: Wen? oder Was?)
	erkennen,

Die adverbialen Bestimmungen (Adverbiale)

S. 234

❶ Auch adverbiale Bestimmungen kannst du mithilfe der Frageprobe ermitteln.
Mit welchen der folgenden Fragewörter kannst du welche adverbiale Bestimmung erfragen?
Ordne die Fragewörter den Kästen richtig zu.

Wo? · Wie lange? · Wie? · Weshalb? · Woher? · Wohin ? · Wann? · Warum? · Womit? · Weswegen?

Adverbiale Bestimmung des Ortes	Adverbiale Bestimmung der Zeit

Adverbiale Bestimmung der Art und Weise	Adverbiale Bestimmung des Grundes

❷ a) Mit welchen Fragewörtern kannst du die unterstrichenen Satzglieder erfragen?
   Notiere das Fragewort in der entsprechenden Spalte.
b) Kreuze an, um welche Art der adverbialen Bestimmung es sich jeweils handelt.

Beispielsatz	Frage	Adverbiale Bestimmung
<u>Mit großem Engagement</u> befragen die Kinderreporter wichtige Politiker aus dem Bundestag.	*Wie?*	☐ des Grundes ☒ der Art und Weise
<u>Zweimal im Jahr</u> werden die Schüler vom ZDF für ihre Interviews eingeladen.		☐ der Zeit ☐ der Art und Weise
<u>Wegen ihres frechen Fragestils</u> fürchten viele Politiker die Kinderreporter.		☐ des Grundes ☐ der Art und Weise
Die Kinderreporter besuchen während der Aufzeichnungen eine Schule <u>in Berlin</u>, damit sie nicht so viel Unterricht verpassen.		☐ des Ortes ☐ der Zeit

❸ Ergänze die folgenden Sätze mit den angegebenen adverbialen Bestimmungen. Schreibe in dein Heft.
Kinderreporter befragen die Politiker vor der Sendung sehr direkt.

Satz	Adverbiale Bestimmung
Kinderreporter befragen Politiker.	der Art und Weise + der Zeit
Teilweise verpassen die Kinderreporter Unterrichtszeit.	des Grundes + des Ortes
Die Berichte werden ausgestrahlt.	der Zeit + des Ortes
Die Zuschauer verfolgen die Sendung.	des Ortes + der Art und Weise

4 Setze passende adverbiale Bestimmungen aus dem Wortspeicher ein.
Die Fragen in Klammern geben dir Hinweise.

_____ (Seit wann?) gibt es die Kinderreporter _____ (Wo?).

Die interessierten Kinder wurden _____ (Wo?) befragt.

Man sollte als Reporter _____ (Wie?) auftreten, wenn man z. B.

bekannte Politiker befragt. Außerdem sollte man mehr als eine Sprache _____ (Wie?)

5 beherrschen, gute Schulnoten haben und auch ansonsten nicht auf den Mund gefallen sein. Aber auch wenn

mal etwas _____ (Wie?) abläuft, ist das kein Weltuntergang.

Die Kinderreporter berichten nicht _____ (Wie?), sodass ein Take wiederholt werden kann.

> nicht so wie geplant · in der ARD · seit 1998 · selbstbewusst · mündlich fließend · live ·
> in drei Auswahlrunden

Teste dich! **Satzglieder unterscheiden**

1 Markiere die Satzglieder folgendermaßen:
   - Subjekt = gelb
   - Dativobjekt = blau
   - Akkusativobjekt = braun

Der Besuch in einem Mitmachmuseum verlangt den Gästen Eigeninitiative ab.

In der Regel finden Kinder und Jugendliche solche Museen aber besonders interessant.

Manchmal erklären die Museumspädagogen den Besuchern einige Ausstellungsgegenstände.

Auch viele andere Museen haben inzwischen ein Kinderprogramm.

Sie veranstalten verschiedene Workshops.

Das Legen von Mosaiken oder der Bau eigener Instrumente ist besonders spannend.

2 Markiere in den folgenden Sätzen alle adverbialen Bestimmungen und kreuze an, um welche adverbialen Bestimmungen es sich handelt.

Sätze	Adverbiale Bestimmung …
In der Museumsdruckerei kann man z. B. mit alten Bleilettern unter Anleitung selbst drucken.	☐ des Ortes ☐ der Zeit ☐ der Art und Weise
Auch ein historischer Seifenladen ist dort vorhanden. Hier kann man an manchen Tagen in besonderen Workshops sogar Seife herstellen.	☐ des Ortes ☐ der Zeit ☐ des Grundes

Haupt- und Nebensätze unterscheiden und Kommas setzen

S. 241

1 Ein Haupsatz ist ein selbstständiger Satz, der für sich allein stehen kann. Nebensätze sind dagegen abhängig von einem Hauptsatz und können nicht allein stehen. Einen Nebensatz erkennst du daran, dass das finite (gebeugte) Verb am Ende steht, und an bestimmten Konjunktionen (Bindewörtern), z.B. *weil*, *da*, *obwohl*.
a) Unterstreiche in den folgenden Sätzen die finite Verbform grün und markiere die Konjunktionen gelb.
b) Suche in den Beispielsätzen alle Nebensätze und unterringele sie blau.

A Greg ist die Hauptfigur aus dem Kinderbuchklassiker „Gregs Tagebuch".

B Er hat in seinem Leben schon viel Unsinn gemacht, obwohl er erst 11 Jahre alt ist.

C Da er so viel angestellt hat, hat ihm seine Mutter ein Tagebuch zum Eintragen seiner Schandtaten gekauft.

D Greg ist davon nicht begeistert, weil Tagebuchschreiben seiner Meinung nach etwas für Mädchen ist.

E Außerdem ist er der Meinung, dass er mit seinen 11 Jahren auch noch viel zu jung dafür ist.

c) Welcher Satzbauplan passt zu welchem Satz? Ordne die Buchstaben der Sätze den Satzbauplänen zu.

Satzbauplan	Beispiele
_____ Hauptsatz _____ .	A,
_____ Hauptsatz _____ , _____ Nebensatz _____ .	
_____ Hauptsatz _____ . _____ Nebensatz _____ ,	

2 a) Unterstreiche in den folgenden Sätzen alle finiten (gebeugten) Verbformen grün und markiere die Konjunktionen (Einleitewörter) gelb.
b) Zeichne zu jedem Satzgefüge einen Satzbauplan wie in Aufgabe 1.

Beispielsätze	Satzbauplan
A Greg Heffrey besucht zum neuen Schuljahr die Junior Highschool.	_____ Hauptsatz _____
B Er lernt dort gleich am ersten Tag das „Coolsein", damit er den Mädchen imponieren kann.	
C Gregs bester Freund Rupert ist ihm dabei aber keine große Hilfe, weil er manchmal etwas kindisch ist.	
D Wenn Greg nicht in der Schule ist, spielt er gerne Videospiele.	
E Er notiert alles Wichtige und Nervige in seinem Tagebuch.	
F Als Greg einmal seinen Opa im Altenheim besuchte, benutzte er aus Versehen das Damenklo.	
G Als die Bewohnerinnen das bemerkten, gab es für Greg Ärger.	

3 a) Verbinde jeweils einen Haupt- und einen Nebensatz aus der Tabelle sinnvoll miteinander.

b) Unterstreiche die finite Verbform in jedem Satz. Kreuze anschließend an, ob es sich um einen Hauptsatz oder einen Nebensatz handelt.

[X] Hauptsatz [ ] Nebensatz	In der Schule erzählt Greg allen Kindern,		weil er mit seinem Freund Rupert viel Unsinn macht.	[ ] Hauptsatz [ ] Nebensatz
[ ] Hauptsatz [ ] Nebensatz	Greg Heffrey fällt überall auf,		verstecken sie sich.	[ ] Hauptsatz [ ] Nebensatz
[ ] Hauptsatz [ ] Nebensatz	Weil Greg und Rupert keine Lust auf den Sportunterricht haben,		passiert ihm ein Missgeschick.	[ ] Hauptsatz [ ] Nebensatz
[ ] Hauptsatz [ ] Nebensatz	Als Greg die Kindergartenkinder nach Hause begleitet,		dass er seine Memoiren schreibt.	[ ] Hauptsatz [X] Nebensatz

4 Verbinde die folgenden Sätze miteinander. Verwende dazu passende Konjunktionen (Bindewörter) aus der Randspalte.

Achtung: Zwischen Haupt- und Nebensatz steht ein Komma.

A   Heute Morgen kam Greg zu spät zur Schule. Greg hatte die Bahn verpasst.

    Heute Morgen _____

_____

weil, obwohl, außerdem

B   Die Bahn ist einfach losgefahren. Rupert hatte sich noch in die Tür gestellt.

_____

_____

da, obwohl, indem

C   Greg war den ganzen Weg gelaufen. Er war total außer Atem.

_____

_____

nachdem, obwohl, indem

D   Greg sieht die Fehler immer bei den anderen. Es ist typisch für Greg.

_____

_____

weil, obwohl, dass

5 Haupt- und Nebensätze werden mit Kommas voneinander getrennt. Um die Kommas richtig zu setzten, musst du also zunächst herausfinden, welches Haupt- und welches Nebensätze sind.

a) Unterstreiche die finiten (gebeugten) Verbformen grün und markiere die Konjunktionen gelb.

b) Trenne dann Haupt- und Nebensätze durch Kommas voneinander ab.

Der Verfasser von Gregs Tagebuch – Jeff Kinney – ist inzwischen ein gefeierter Autor. obwohl er eigentlich Entwickler für Onlinespiele ist. Weil er erst nicht an seinen Erfolg glaubte veröffentlichte er den ersten Band zunächst auf einer Online-Plattform. Dort wurde er dann von Verlagen entdeckt die immer auf der Suche nach guten Texten sind. Da schon der erste Band von „Gregs Tagebuch" bei den jugendlichen Leserinnen und Lesern ein voller Erfolg war gibt es inzwischen noch zahlreiche weitere Bände. Viele Kinder und Jugendliche verschlingen die Bücher förmlich weil sie so begeistert von Gregs Erlebnissen sind. Sogar Lesemuffeln gefallen die Geschichten da ihnen die Mischung von Comic und Text gefällt.

Teste dich **Haupt- und Nebensätze unterscheiden und Kommas richtig setzen**

1 a) Unterstreiche die finiten (gebeugten) Verbformen in den Sätzen grün.

b) Markiere die Konjunktionen (Bindewörter) gelb.

c) Kreuze in der rechten Spalte das passende Satzbaumodell an.

Wenn du die Reisestation Schweiz im Klimahaus Bremerhaven besuchst, lernst du dort die Auswirkungen des Klimawandels kennen.	☐ Hauptsatz + Nebensatz ☐ Nebensatz + Hauptsatz
Die Reisestation Niger wird dort im Klimahaus dauernd auf 35 Grad erwärmt.	☐ Hauptsatz + Nebensatz ☐ Hauptsatz
In der Fläche zur Antarktis ist es jedoch mit minus 6 Grad Celsius immer recht kühl.	☐ Nebensatz + Hauptsatz ☐ Hauptsatz
Spannend ist auch die Reise nach Samoa dargestellt, weil man hier ein gezüchtetes Riff aus lebenden Korallen sehen kann.	☐ Hauptsatz + Nebensatz ☐ Nebensatz + Hauptsatz

2 a) Unterstreiche die finiten Verbformen im Text und markiere die Konjunktionen (Einleitewörter).

b) Setze die fehlenden Kommas.

Aufregend ist auch die Ausstellungsfläche zum Thema „Chancen" weil du hier mithilfe deiner Eintrittskarte ein Klimakonto eröffnen kannst. Du erhältst dort z. B. in einem virtuellen Supermarkt viele wichtige Informationen zum Thema „Einkaufen" damit die Umwelt durch die Auswahl deiner Lebensmittel nicht zu stark belastet wird. Wenn du außerdem einen benzinsparenden Fahrsimulator ausprobieren willst bist du in Bremerhaven auf jeden Fall am richtigen Ort. Falls du an der Nordsee im Urlaub bist kannst du diesen ja vielleicht mit einem Besuch des Klimahauses verbinden.

Der Rechtschreibung auf der Spur
Wörter und Silben untersuchen

📖 S. 252

❶ a) Markiere in dem Lied die Silben und kreise in jeder Silbe den Silbenkern (den Vokalbuchstaben) ein.

b) Verwende nun für jede Gedichtzeile einen anderen Vokalbuchstaben als Silbenkern und schreibe das Gedicht wie im Beispiel auf.

Drei Chinesen

Dr(ei)| Ch(i)|n(e)|s(e)n mit dem Kontrabass

saßen auf der Straße und erzählten sich was.

Da kam die Polizei: Ei, was ist denn das?

Drei Chinesen mit dem Kontrabass.

Dre Che-ne-sen

sußen uf dur

❷ Schreibe die folgenden Wörter nach Silben getrennt auf und kennzeichne den Silbenkern der betonten Silbe mit einem Akzent.

finden · mehlig · beschuldigen · Fremde · Bücher · schützen · viele · bitter · gewesen · früher · später · Pfoten · sagen · reden · pfeifen · Esel · trinken · essen · Besen · wandern · Hase · schimpfen

fín-den,

Lang oder kurz, offene oder geschlossene Silbe? 📖 S. 252

1 a) Sprich die Wörter aus dem Wortspeicher leise vor dich hin
und entscheide: Wird der betonte Vokalbuchstabe lang
oder kurz gesprochen? Trage die Wörter – nach Silben
getrennt – in die richtige Spalte ein.

b) Überprüfe deine Einträge: Betonte Silben mit langem
Vokal müssen mit einem Vokalbuchstaben enden, betonte
Silben mit kurzem Vokal müssen durch einen Konsonanten
geschlossen sein. Kennzeichne den Buchstaben, der die
Silbe schließt, farbig.

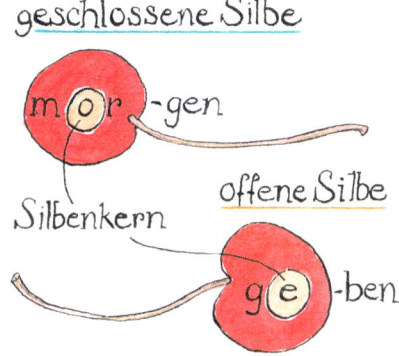

die Farbe – die Fabel · wir kamen – die Kammer · die Robe – die Robbe · die Hefte – die Hefe ·
die Stare – starren · die Stille – die Stiele · die Rosen – rosten · borgen – der Bogen · der Ofen – offen ·
hoffen – die Höfe · der Rasen – rasseln · die Stunde – Strudel · holen – holpern

Der Vokal wird lang gesprochen. Die betonte Silbe endet mit einem Vokalbuchstaben.		Der Vokal wir kurz gesprochen. Die betonte Silbe endet mit einem Konsonanten.	
die Fa-bel	_____	*die Far-be*	_____
_____	_____	_____	_____
_____	_____	_____	_____
_____	_____	_____	_____
_____	_____	_____	_____

2 a) Suche Reimwörter zu den Wörtern in der linken Spalte. Schreibe sie nach Silben getrennt auf.

b) Überprüfe dann die Reime: Wird der Vokalbuchstabe in der betonten Silbe kurz oder lang gesprochen? Ist die
betonte Silbe offen oder wird sie durch einen Konsonanten geschlossen? Kreuze an.

					lang = offen	kurz = geschlossen
We-ge	*Ge-he-ge*	_____	_____	_____	X	☐
trin-ken	_____	_____	_____		☐	☐
Ho-sen	_____	_____	_____		☐	☐
lo-ben	_____	_____	_____		☐	☐
Wol-le	_____	_____	_____		☐	☐

Wann schreibt man Doppelkonsonanten?

S. 255

❶ Vervollständige die Regel.

In den meisten Wörtern mit kurz gesprochenem Stammvokal stehen an der Silbengrenze mindestens

_____ , z.B.: *Wim-pel, Kun-de.* In manchen Wörtern mit

kurz gesprochenem Stammvokal spricht und hört man aber nur einen Konsonanten. In diesem Fall wird

dieser Konsonant _____ , z.B.: *mur-ren, ren-nen.*

❷ Ergänze zu jedem Wort mit Doppelkonsonanten mindestens fünf weitere Wörter
mit dem gleichen Doppelkonsonanten. Schreibe sie nach Silben getrennt auf.

Was-ser

plär-ren, *mur-ren,* _____

Him-mel, *Zim-mer,* _____

Tun-nel, _____

Tel-ler, _____

schaf-fen, _____

stop-pen, _____

bit-ter, _____

Tas-se, _____

❸ Verdoppeln oder nicht?
Ergänze die fehlenden Konsonanten mit Silbentrennung und kreise die Silbengelenke ein.

n oder **nn**?　　Tre *n-n* ung, gri____ sen, Wä ____ de, Si ____ e, ka ____ tig, re ____ en

m oder **mm**?　　Zi ____ er, zi ____ perlich, He ____ den, ko ____ en, Fla ____ e, Pu ____ pe

l oder **ll**?　　Ze ____ en, Ze ____ te, Wo ____ ke, fa ____ ten, fa ____ en, schmo ____ en

p oder **pp**?　　za ____ eln, Pa ____ el, sto ____ fen, kla ____ ern, tri ____ eln, Kö ____ fe

r oder **rr**?　　kli ____ en, we ____ ben, Ga ____ ten, scha ____ en, zo ____ nig, su ____ en

f oder **ff**?　　schu ____ ten, Wa ____ eln, Sto ____ e, Li ____ te, Lö ____ el, Ka ____ ee

t oder **tt**?　　Be ____ en, Bu ____ er, Schni ____ e, bi ____ er, re ____ en

4 Bei einsilbigen Wörtern kann dir eine verlängerte Form helfen, wenn du unsicher bei der Schreibung bist. Bilde bei Nomen/Substantiven den Plural, bei Verben den Infinitiv und bei Adjektiven eine Steigerungsstufe (Komparativ).

der Sa?t (f/ff) → *Saft wegen Säf-te*   der Sto? (f/ff) → *Stoff wegen Stof-fe*

er fä?t (l/ll) → *er fällt wegen fal-len*   es gi?t (l/ll) → *es gilt wegen gel-ten*

sto?z (l/ll) → *stolz wegen stol-zer*   sti? (l/ll) → *still wegen stil-ler*

die Kra?t (f/ff) _____

sie tri?t (f/ff) _____

es begi?t (n/nn) _____

stu? (m/mm) _____

du ste?st (l/ll) _____

es sti?t (m/mm) _____

fre?d (m/mm) _____

es ha?t (l/ll) _____

Ha?t! (l/ll) _____

es pa?t (s/ss) _____

5 Bei zusammengesetzten Wörtern hilft dir das Zerlegen, um die richtige Schreibung zu ermitteln.

Schne [l] äufer: *Schnell- (wegen schnel-ler) und -läufer → Schnellläufer*

Sto [f] ülle: _____

vo [l] aufen: _____

Bre [n] essel: _____

Besondere Silbengelenke

S. 258

1 Welche Tätigkeiten verstecken sich in dem Gedicht? Schreibe sie heraus und überlege dir fünf Verben mit tz.

Ein Zungenzerfitzler   *Brigitte Peter*

Siebzehn Schnitzer, die auf siebzehn Schnitzsitzen sitzen
Und mit spitzen Schnitzern Ritzen in ihr Schnitzholz schlitzen,
wobei sie schwitzen,
sind siebzehn schwitzende, schnitzende,
5 auf dem Schnitzsitz sitzende, spitze Schnitzer benützende
Schnitzholzritzenschlitzer.

zerfitzeln,

2 Entscheide mithilfe der Silbenprobe oder der Verlängerungsprobe, ob du z oder tz schreiben musst. Setze ein.

Fritz und Franz si **tz** en in der Schule auf benachbarten Plä ___ en. Fri ___ schneidet Fra ___ en, Fran ___

macht Wi ___ e über die Gla ___ e ihres Lehrers. Ein Mitschüler verpe ___ t (wegen _____) sie

und sie müssen am Nachmittag ihre Klasse pu ___ en, statt bol ___ en zu gehen. Das schmer ___ t

(wegen _____)! Da nach kur ___ er Zeit alles glän ___ t (wegen _____), beweist der

Lehrer, dass er ein gutes Her ___ (wegen _____) hat, und die beiden dürfen nach Hause fli ___ en.

3 Ergänze Reimwörter mit ck.

Socken	wecken	Frack	glücken

4 Achtung: Bei der Silbentrennung **am Zeilenende** darfst du ck nicht trennen.
Trenne alle zweisilbigen Wörter aus Aufgabe 3 wie im Beispiel.

we-cken

5 Entscheide mit der Silbenprobe oder der Verlängerungsprobe, ob du k oder ck schreiben musst.
Achtung: Bei der Verlängerungsprobe darfst du ausnahmsweise ck in k-k trennen.

Ein Wochenende auf dem Lande

Um 5 Uhr wurde ich gewe ___ t. Schlaftrunken wan ___ te ich in die Küche, aber Frühstü ___ gab es noch nicht.

Erst mussten die Kühe gemol ___ en werden. Dann wurde der stin ___ ende, dre ___ ige Kuhstall ausgemistet.

Anschließend ra ___ erten wir uns im Garten ab, versetzten Ste ___ linge, ha ___ ten und har ___ ten den Boden,

der wegen der Tro ___ enheit sehr hart war, und pflü ___ ten die ersten Erdbeeren. Lustig waren die Tre ___ er-

5 fahrten, besonders, wenn ich len ___ en durfte. Da zu ___ elte man bei gleichmäßigem Tu ___ ern des Motors

gemächlich auf den A ___ er und bli ___ te vom hohen Bo ___ in die Landschaft. Nachmittags schme ___ te der

selbstgeba ___ ene Zu ___ erkuchen besonders gut. Beim Abendessen sa ___ te ich schon fast auf dem Stuhl

zusammen und tor ___ elte bald danach hundemüde ins Bett.

6 Nicht verdoppelt werden ch und sch. Bei der Silbentrennung am Zeilenende wird vor ch und sch getrennt.
Trenne die folgenden Wörter richtig.

waschen · wöchentlich · kochen · flacher · fischen · machen · lachen · duschen · die Flasche ·
die Tasche · der Kuchen · der Knochen

wa-schen, _____

_____

Teste dich **Nach kurz gesprochenem Vokal richtig schreiben**

Setze die fehlenden Buchstaben ein. Überprüfe deine Lösungen mithilfe der Silben- oder der
Verlängerungsprobe.

Im Harz gibt es einen geheimnisvo _____ en Ort, den Hexentan ____ pla ____ . Der Sage nach ko _____ en

dort zur Walpurgisnacht die Hexen aus a _____ en Hi _____ elsrichtungen zusa _____ en und fliegen auf

Besen und in langen Rö _____ en zum Brocken, um sich dort mit ihrem He _____ n, dem Teufel, zu

vermählen. Jede Hexe kü _____ t den Teufel und beko _____ t so neue Zauberkrä ____ te.

In den skandinavischen Ländern begi _____ t mit der Walpurgisnacht der So _____ er. Die fi ____ steren

Gesta _____ ten mü _____ en bis zum Mo ____ gengrauen verschwu ____ den sein.

Dehnungs-h und silbentrennendes h unterscheiden

S. 259

Das Dehnungs-h

1 a) Mit oder ohne Dehnungs-h? Sortiere die Wörter aus dem Wortspeicher richtig ein und zerlege sie in Silben. Verlängere dafür die einsilbigen Wörter.

b) Markiere den Anfangskonsonanten der zweiten Silbe.
Vor welchen Konsonanten steht das Dehnungs-h? Ergänze den folgenden Satz:

Das Dehnungs-h steht nur (aber nicht immer) vor den Konsonanten _____ .

> der Bogen · das Los · prahlen · die Sahne · zahm · die Ehre · fegen · die Lehne · haben · der Stahl ·
> die Höfe · das Leben · entbehren · die Nasen · die Mähne · der Kahn · die Bäder · die Zahl ·
> der Schwefel · häkeln · rufen · die Gebühr · das Schaf · toben · der Pfahl · der Fahrer · das Huhn ·
> der Mut · die Mahlzeit · die Möwe · duzen · lahm

Wörter ohne Dehnungs-h	Wörter mit Dehnungs-h
der Bo-gen, die Lo-se,	prah-len,

2 In Wörtern, die mit sch, t, qu und kr beginnen, steht nie ein Dehnungs-h.
Suche weitere Feindwörter für das Dehnungs-h.

Schal,

3 Leider gibt es viele weitere Wörter, die kein Dehnungs-h vor l, m, n, r haben.
Ergänze so viele wie möglich. Nutze ein Wörterbuch.

Blume, Dame, Hering, gehören,

Das silbentrennende h

4 Sprich die folgenden Wörter leise vor dich hin und achte auf das h.
Welchen Unterschied stellst du fest? Notiere ihn.

Silbentrennendes h	Dehnungs-h
dre-hen	deh-nen
ge-hen	gäh-nen
ste-hen	Sträh-ne

5 Sprich die Wörter im Wortspeicher deutlich und schreibe sie nach Silben getrennt auf.

spähen · ziehen · fliehen · sie flohen · die Flöhe · leihen · flehen · drohen · Truhe

spä-hen,

6 Dehnungs-h oder silbentrennendes h? Suche in jeder Wortreihe das Kuckucksei.
Nutze die Verlängerungsprobe, falls notwendig.

die Reihe – er rührt – es weht – sie müht sich ab

*Kuckucksei: rührt (rüh-ren);
aber: Rei-he, we-hen, mü-hen*

lahm – sie sieht – der Lehrer – die Sehnsucht

Kuckucksei:

früh – das Jahr – fühlen – kühl

Kuckucksei:

die Kühe – er mäht – verdreht – es fehlt

Kuckucksei:

Ruh dich aus! – Sieh da! – berühren – die Beziehung

Kuckucksei:

7 Ergänze die folgenden Aussagen:

Bei der Zerlegung in Silben steht das silbentrennende h _____.

Bei der Zerlegung in Silben steht das stumme Dehnungs-h _____.

63

Wörter mit langem i-Laut richtig schreiben

S. 260

Das ästhetische Wiesel   *Christian Morgenstern*

Ein Wiesel saß auf einem Kiesel
inmitten Bachgeriesel.

Wisst ihr,
weshalb?
5 Das Mondkalb
verriet es mir
im Stillen:

Das raffinierte Tier
tat's um des Reimes willen.

❶ a) Sortiere die Wörter mit langem i-Laut aus dem Gedicht.
   b) Ergänze für alle drei Schreibweisen weitere Beispiele.

ie: _____

ih: _____

i: _____

❷ Es gibt viele Wörter mit ie. Versuche, die Rätsel zu lösen.

4 Tiere:

S	t	i	e	r
		i	e	
		i	e	
		i	e	

5 Verben:

v	e	r	l	i	e	r	e	n
				i	e			
				i	e			
				i	e			
				i	e			

4 Reimwörter:

f	i	e	s
	i	e	
	i	e	
	i	e	

5 Reimwörter:

G	i	e	r
	i	e	
	i	e	
	i	e	
	i	e	

4 Reimwörter:

L	i	e	d	e	r
	i	e			
	i	e			
	i	e			

4 Reimwörter:

W	i	e	s	e	n
	i	e			
	i	e			
	i	e			

4 Reimwörter:

v	i	e	l
	i	e	
	i	e	
	i	e	

4 Reimwörter:

W	i	e	g	e
	i	e		
	i	e		
	i	e		

3 Ergänze die passenden Wörter aus dem Wortspeicher im Text. Beachte: Alle Wörter enden auf -ieren.

parieren · trainieren · rasieren · radieren · musizieren · gratulieren · pausieren

Bartträger müssen sich nicht _____.

Gut, dass ich mit Bleistift geschrieben habe. So konnte ich Falsches _____.

Ich _____ dir zum Geburtstag.

Ich kann nicht mehr! Lasst mich einen Moment _____.

5 Für den Marathonlauf muss Sina täglich _____.

Ich spiele Gitarre und _____ oft mit Freunden.

Der Hund muss noch erzogen werden. Er _____ nicht.

4 Wörter, bei denen der lang gesprochene i-Laut nur mit einfachem i geschrieben wird, sind sehr selten. Löse das Rätsel und präge dir die Wörter ein.

5 Viele Fremdwörter enden auf -ine. Löse das Rätsel und präge dir die Wörter ein.

1 Gestreifte Raubkatze; 2 Stacheltier; 3 Nagetier; 4 afrikanischer Fluss; 5 etwas / eine Messerspitze voll; 6 ekelhaft; 7/8 wie du ..., so ich ...; 9 erste Person Plural; 10 Büffelart; 11 Das braucht der Kugelschreiber. 12 Beim Schreiben soll man auf einen guten ... achten. 13 deckt das Auge ab; 14 Maßeinheit für Flüssigkeiten; 15 leichter Wind

1 pflanzlicher Ersatz für Butter; 2 kann Skifahrer töten; 3 Strömungsmaschine; 4 hängt vorm Fenster; 5 kleiner Raum; 6 Hier wird Essen angeboten. 7 getrocknete Weintraube; 8 Gerät zur Krafterzeugung; 9 kleine orange Südfrucht; 10 größere orange Südfrucht; 11 Geige; 12 kleiner Fisch; 13 kleine Süßigkeit

Merkwörter mit Doppelvokal

📖 S. 262

❶ Welche Wörter mit Doppelvokal fehlen hier? Ergänze sie.

_____ fängt man in einer Reuse.

Straßen wurden früher mit _____ asphaltiert.

Hast du eine _____ , wie man die Aufgabe lösen kann?

Man darf nicht alles auf die Gold _____ legen.

5 Im Rasen gibt es im Frühjahr viel _____ .

Herr Pieper hat kein gutes _____ an mir gelassen, aber Anton hat er über den grünen _____ gelobt.

Bei den Hausaufgaben könnte ich manchmal eine gute _____ wie im Märchen gebrauchen.

Heute bleibt die Klasse leider _____ .

❷ Bilde mit den Wörtern aus dem Wortspeicher zusammengesetzte Wörter.

> der Saal · der Staat · das Paar · das Beet · das Meer · der Schnee · die Seele · der Tee · der Kaffee ·
> das Boot · das Moor · der Zoo

der Speisesaal, _____

_____

_____

❸ Markiere die Fehler in den beiden Gedichten und schreibe den verbesserten Text in dein Heft.

Hör zuh:

Das U ist manchmal kuhrz

Wie ein Fuhrz.

Manchmal aber seent es sich,

5 dann dent es sich.

Dann passt ihm kein Schu

Und es gibt keine Ru

Und brüllt Mu mit der Ku.

Dah spraach der Ahl im Futteraal:

Der Sahl ist kaal.

Zum letzten Mahl grüß ich im Tahl

Den Pfaal

Aus Staal.

Teste dich Lang gesprochene Vokale richtig schreiben

1 Mit oder ohne Dehnungs-h? Ergänze ein h in den Lücken, falls notwendig.

ho___len   tra___gen   le___ben   schwe___ben   scha___den   wo___nen   fü___ren

quä___len   he___ben   ha___ben   schla___fen   o___ne   me___r   schwe___r

2 i, ie oder ih? Setze die richtige Schreibung für den lang gesprochenen i-Laut ein.

L___be   i___r   B___ne   T___ger   i___m   Margar___ne   i___n   Sch___ne   ___gel   sch___f

T___r   m___r   Masch___ne

3 Setze in dem Gedicht die fehlenden Buchstaben ein.

Dunkel wars, der M_____nd sch_____n helle,

Schn_____ lag auf der grünen Fl_____r,

als ein W_____gen blitzesschnelle

langs_____m um die Ecke f_____r.

5 Drinnen s_____ßen st_____end Leute,

schweigend ins Gespräch vert_____ft,

als ein t_____tgeschossner H_____se

auf der W_____se Schlittsch_____l_____f.

Und auf einer r_____ten Bank,

10 die blau angestrichen w_____r,

s_____ß ein blond gelockter Jüngling

mit k_____lra_____benschwarzem H___r.

Neben _____m 'ne alte Schachtel,

z_____lte kaum erst sechz_____n J_____r

15 und aß eine Butterstulle,

die mit Schmalz bestrichen w_____r.

Dr_____ben auf dem Apfelbaume,

der s_____r süße Birnen tr_____g,

hing des Fr_____lings letzte Pflaume

20 und an Nüssen noch genug.

67

s-Laute unterscheiden und richtig schreiben

📖 S. 263

s oder ß? Der s-Laut nach lang gesprochenem Vokal

1 Sprich die Wörter und hör genau hin! Sortiere dann: Bei welchen Wörtern wird der s-Laut weich/stimmhaft ausgesprochen, bei welchen scharf/stimmlos? Trage die Wörter nach Silben getrennt ein.

> eisig · beißen · Greise · büßen · die Nase · ein Besen · fließen · eine Rose · böse · die Straße · reisen · reißen · außen · nieseln · die Grüße · rasen · moosig · rußig · die Füße · sausen · größer · die Flöße · losen · der Käse

weicher, stimmhafter s-Laut	harter, stimmloser s-Laut
ei-sig,	bei-ßen,

2 Bei einsilbigen und zusammengesetzten Wörtern helfen dir Verlängern und Zerlegen, um herauszufinden, um welchen s-Laut es sich handelt. Entscheide über die Schreibweise der folgenden Wörter:

Festuca pratensis

Das Gra? ist grün.　　　Grä-ser → Gras

Ohne Flei? kein Prei?.

Es gab einen Zusammensto?.

Es spielt eine Bla?kapelle.

Jemand nie?t.

Wer schie?t?

Das ist ein gla?klarer Bewei?.

Lie? bitte laut!

Es ist hei?.

Die Wand ist wei?.

Es hat Spa? gemacht.

Doppel-s nach kurzem betontem Vokal

1 Schreibe die Wörter mit Doppel-s nach Silben getrennt auf und markiere die Silbengelenke.

Wer trinkt denn Wasser aus Kaffeetassen? *Was-ser, Tas-sen*

Das sollte man doch lieber lassen. _____

Schulbücher unter nächtlichen Kissen _____

führen keineswegs zu mehr Wissen. _____

Die Schnauze steckt das Rüsselschwein _____

gern in eine Schüssel rein. _____

Man soll nie große Wassermassen _____

einfach überlaufen lassen. _____

2 Achte auf die Vokallänge. Warum brauchst du das Doppel-s? Begründe in Stichpunkten.

_____

_____

3 Fülle die Schlangen mit passenden Reimwörtern.

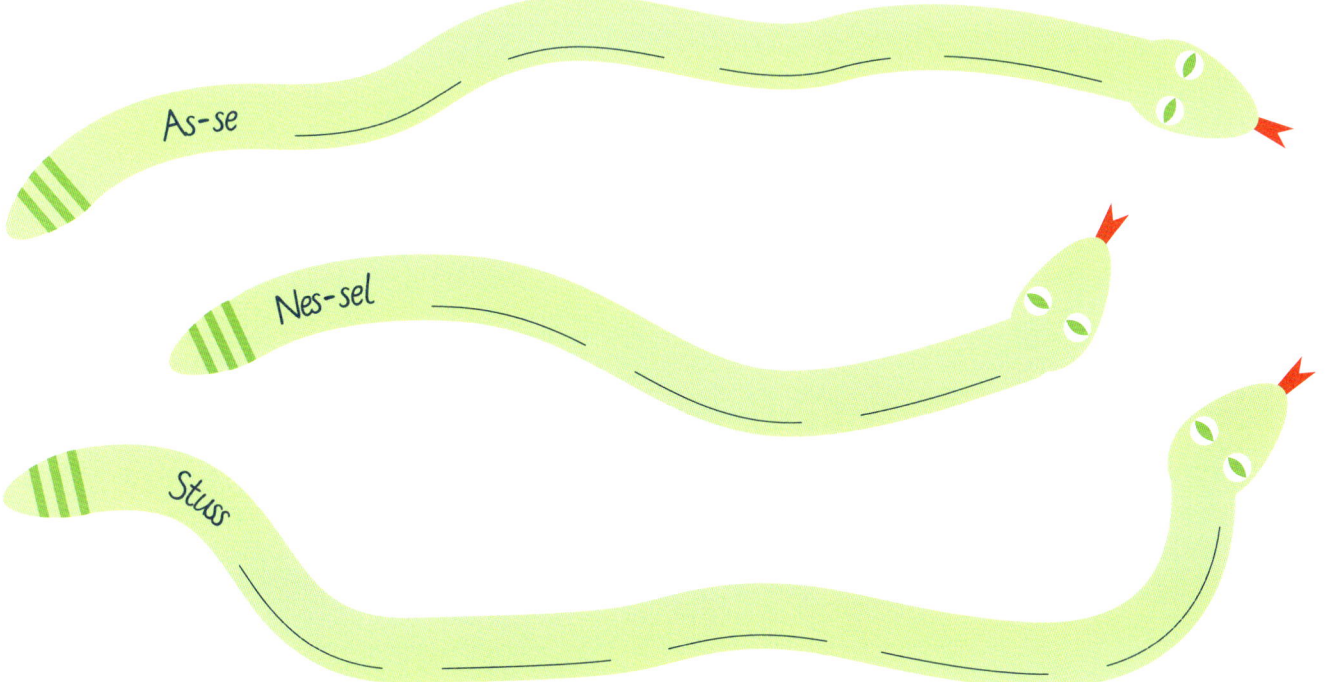

Langer oder kurzer Vokal, ß oder Doppel-s?

❶ Überprüfe die Silben und die Länge der Vokale. Sortiere die Wörter dann richtig ein.

Flö?e · Gü?e · Grü?e · Grö?e · Kü?e · Flü?e · Rö?er · Schö?e · Schlö?er · E?ig · ru?ig · ru?isch · lä?ig · Stra?e · Ga?e · So?e · drei?ig · Nü?e

langer Vokal (offene Silbe)			kurzer Vokal (geschlossene Silbe)		
Flö	ß	e	Gü	s-s	e
	ß			s-s	
	ß			s-s	
	ß			s-s	
	ß			s-s	
	ß			s-s	
	ß			s-s	
	ß			s-s	
	ß			s-s	

❷ Bei einsilbigen und zusammengesetzten Wörtern helfen dir das Verlängern und Zerlegen. Nutze beides und entscheide dann über die Schreibung.

Flu?lauf   *Flüs-se + -lauf → Flusslauf*

e?bar

Ba?geige

Fa?brause

Gebi?reiniger

Gru?botschaft

pa?genau

Nu?knacker

Gie?kanne

Doppel-s, s oder ß?

1 Kleine Gemeinheiten mit s und t: Entscheide, wie man die s-Laute hier schreibt.

Wenn ich doch nur wü _sst_ e, wie heiß es in der Wü____e ist!

Jill kü____te Jim nur an der Kü____te.

Der Verlu____ meines Schlüssels war mir gar nicht bewu____.

Nach den Ferien auf dem Dorf habe ich den Geruch von Mi____ vermi____.

Fa____ hätte die Polizei den Dieb gefa____.

Erla____ ihm doch die La____ der Verantwortung!

2 Achtung Ausnahme! Die Endung -nis wird nur mit einem s geschrieben, obwohl bei der Verlängerung ss geschrieben wird: die Geheimnisse, aber: das Geheimnis. Ergänze den fehlenden Singular oder Plural.

Singular	Plural
Verzeichnis	
	Bündnisse
	Gefängnisse
Ereignis	
Kenntnis	

Teste dich ! **s-Laute richtig schreiben**

Im Sommer, vor allem in den hei____en Monaten Juli und Augu____t, lockt es an den mei____ten

Wochenenden alle Welt nach drau____en. Gro____e und kleine Leute sehnen sich dann nach kühlem Na____

und nehmen Rei____ au____ au____ der Stadt. Am be____ten sind natürliche Gewä____er wie Seen und

Flü____e, aber auch in Freibädern macht das Planschen und Schwimmen Spa____. Anschlie____end

lä____t man sich in der Sonne braten, i____t genü____lich ein Ei____ oder spielt Fu____ball. Mancher

drei____te Kicker schie____t seinen Ball aber auch in die Menge. Macht sich mit plötzlichen Wind-

stö____en ein Gewitter bemerkbar, verlä____t jeder fluchtartig das Bad und ra____t nach Hause,

bevor es gie____t.

Groß- und Kleinschreibung

S. 265

1 Ronja schreibt einen Brief an ihre Grundschullehrerin. Was sollte sie korrigieren, bevor sie den Brief abschickt? Streiche die falschen Buchstaben durch und schreibe die richtigen darüber.

Liebe Frau Baumann,

hier in der Neuen schule geht es mir gut. Ich sitze neben Maria und habe schon Viele freundinnen gefunden. Aber am anfang war es schwer, sich in dem gebäude zurechtzufinden. Wir haben ja jetzt in ganz vielen verschiedenen

5 räumen unterricht. schon in der pause müssen wir uns auf den weg machen, wenn wir Musik oder Bio Haben. Wir können gar nicht Mehr in ruhe unser frühstück Essen.

Wie geht es ihnen? Vermissen sie uns? Ich denke oft an sie. Es war doch sehr gemütlich in unserer klasse mit der leseecke. Ich würde sie gerne in der Alten

10 schule besuchen.

Mit Herzlichen Grüßen
ihre Ronja

2 Wann schreibst du im Deutschen groß? Nenne vier Regeln in Stichpunkten.

_____

_____

_____

_____

3 Schreiben und Lesen wie die Phönizier? Trenne die Wörter mit einem Strich voneinander ab und kennzeichne die Satzschlüsse. Schreibe dann den Text in richtiger Groß- und Kleinschreibung in dein Heft.

DIEPHÖNIZISCHESCHRIFTBESTANDAUSZWEIUNDZWANZIGKONSONANTENSIE
WURDEVONRECHTSNACHLINKSGESCHRIEBENDIESCHRIFTZEICHENWURDEN
OHNEWORTABGRENZUNGENHINTEREINANDERGESETZTDADURCHWARDAS
LESENERHEBLICHSCHWERERALSBEIUNSERERHEUTIGENSCHRIFT

Strategien zum Rechtschreiben

S. 269

Strategie: Wörter verlängern

1 Verlängere die Wörter und entscheide dann, wie du schreiben musst.

d oder t?   Han? · Elefan? · run? · bun? · al? · Gestal? · Or? · Mor? · Hem? · frem? · Wal? · kal?

Hände → Hand,

b oder p?   verstau?t · gerau?t · jemand hu?t · tau? · Lau? · die Maus fie?t · der Vogel pie?t · es kle?t · es zie?t · verlie?t · sie schie?t

g oder k?   lan? · es blin?t · sie brin?t · Gan? · seli? · eifri? · Wer? · Zwer? · Zwei? · star? · es klin?t

Strategie: Die Schreibung aus verwandten Wörtern ableiten

2 ä oder e, äu oder eu? Prüfe, ob es ein verwandtes Wort mit a oder au gibt, und schreibe es in Klammern.

b?chlings · k?flich · h?fig · ?ßerst · gef?hrlich · H?te · h?te · gel?fig · B?tel · tr? · Tr?mer · R?de · R?der · R?tsel · Tr?ger · m?nnlich · G?ste · ?ndern · be?nden · kr?ftig · W?rme · ?rmel

bäuchlings (Bauch),

Strategie: Groß- und Kleinschreibung an typischen Suffixen erkennen

1 Typische Suffixe (Endungen) zeigen dir, dass du großschreiben musst. Suche Beispielwörter und trage sie ein.

-ung	-nis	-heit	-keit
Eignung	*Geheimnis*	*Eigenheit*	*Einsamkeit*

-schaft	-tum	-er/-in
Gemeinschaft	*Eigentum*	*Lehrer/Lehrerin*

2 Adjektive werden kleingeschrieben. Auch sie erkennt man an bestimmten Suffixen. Ergänze weitere Beispiele.

-ig	-lich	-bar	-los	-haft
eklig	*eigentlich*	*machbar*	*farblos*	*ehrenhaft*

Strategie: Nomen/Substantive an ihren Begleitwörtern erkennen

1 a) Unterstreiche in dem Gedicht die Wörter, die dir zeigen, dass ein Nomen/Substantiv folgt.
b) Schreibe dann das Nomen/Substantiv in der richtigen Schreibung mit den Begleitwörtern heraus.

Die weißen riesenhasen   *Robert Gernhardt*

Wenn die weißen riesenhasen

abends übern rasen rasen

und die goldnen flügelkröten

still in ihren beeten beten,

5 wenn die schwarzen buddelraben

tief in ihrem graben graben

und die feisten felsenquallen

kichernd in die fallen fallen – :

Dann schreibt man, wie jedes jahr,

10 den hundertzwölften januar.

Was? Ihr kennt ihn nicht, den tag?

Schaut mal im kalender nach.

die weißen Riesenhasen

_____ _____

_____ _____

_____ _____

_____ _____

_____ _____

_____ _____

2 Nicht immer haben Nomen/Substantive Begleitwörter bei sich. Wenn du unsicher bist, ob ein Wort ein Nomen/ Substantiv ist, kannst du ein Begleitwort ergänzen (Erweiterungsprobe), denn nur Nomen/Substantive lassen sich mit Begleitwörtern und Adjektiven erweitern. Probiere es aus.

Mit speck fängt man mäuse. *Mit dem fetten Speck fängt man hungrige Mäuse.*

Glück und glas, wie leicht bricht das. _____

Kommt zeit, kommt rat. _____

Es geschehen noch zeichen und wunder. _____

3 Interessante „Berufe": Rate sie mithilfe der Hinweise unten und setze die Wörter ein.
Achte auf die Großschreibung.

So was Dummes   *Hans Adolf Halbey*

Sieben Söhne wuchsen bei mir heran,

und jeder Sohn wird gewiss mal ein Mann,

und wie das so geht auf unserer Erden:

Ein jeder will etwas anderes werden!

5 (1) _____ möchte der erste sein.

(2) _____ , das fällt dem zweiten ein.

Der dritte sagt: (3) _____ , das finde ich klasse!

Der vierte: (4) _____ , die braucht man in Masse!

Einer meint: (5) _____ werden gesucht.

10 Der sechste hätte es gern mit (6) _____ versucht.

Der Jüngste hat auch ein Ziel:

Ich werde (7) _____ , da verdient man viel!

Ich frage mich nur: Wo führt das hin?

Zumal ich selbst gelernter (8) _____ bin.

(1) jemand, der die Hosen festhält
(2) jemand, der beim Hineinschlüpfen in die Schuhe hilft
(3) jemand, der Weinflaschen öffnet
(4) jemand, der für klare Sicht im Auto sorgt
(5) jemand, der für geordnete Unterlagen im Büro sorgt
(6) jemand, der das Auto startet
(7) jemand, der vor dem Bett liegt
(8) jemand, der den Daumen in den Mund steckt

4 Notiere drei Tätigkeiten und leite daraus ähnliche Berufsbezeichnungen wie im Gedicht ab.

Rasen sprengen → Rasensprenger, _____

_____

❺ Achtung! Hier ändert sich etwas!

Bilde mithilfe typischer Nomen- und Adjektivendungen Wörterschlangen wie im Beispiel (A=Adjektiv, N=Nomen/Substantiv). Achte auf die Groß- und Kleinschreibung.

die Ehre ⟶ _ehrbar_ (A) ⟶ _die Ehrbarkeit_ (N)

die Ehre ⟶ _ehrlos_ (A) ⟶ _____ (N)

froh ⟶ _____ (A) ⟶ _____ (N)

der Sinn ⟶ _____ (A) ⟶ _____ (N)

gemein ⟶ _____ (A) ⟶ _____ (N)

der Ekel ⟶ _____ (A) ⟶ _____ (N)

die Liebe ⟶ _____ (A) ⟶ _____ (N)

wehren ⟶ _____ (A) ⟶ _____ (N)

der Fehler ⟶ _____ (A) ⟶ _____ (N)

bedeuten ⟶ _____ (N) ⟶ _____ (A)

Herr ⟶ _____ (A) ⟶ _____ (N)

verantworten ⟶ _____ (N) ⟶ _____ (A)

HERRSCHAFT · Herr · Herrchen · herrlich · herrenlos

6 Bei zusammengesetzten Wörtern entscheidet das Grundwort (der 2. Teil des zusammengesetzten Wortes) über die Wortart.

a) Unterstreiche bei allen Wörtern im Wortspeicher das Grundwort.

b) Entscheide über die Wortart und sortiere die Wörter in der richtigen Groß- und Kleinschreibung ein.

freibad · schulfrei · ehrenvoll · vollmond · bettschwer · schwergewicht · königreich · kinderreich · bleischwer · kirchturmspitze · spitzenmäßig · turmhoch · hochsprung · schreibfaul · faulpelz

Adjektive	Nomen/Substantive
schulfrei	das Freibad

7 Bilde vier Sätze mit zusammengesetzten Adjektiven und mit zusammengesetzten Nomen/Substantiven aus Aufgabe 6. Schreibe in dein Heft.

Teste dich ● **Groß- und Kleinschreibung**

Schreibe den Text in richtiger Groß- und Kleinschreibung in dein Heft oder lass ihn dir diktieren.

die entwicklung des lebens auf der erde

die geschichte des lebens begann viele millionen jahre, bevor der mensch in erscheinung trat. Zunächst entstand eine unendliche vielzahl von pflanzen und tieren. auf unserem planeten gab es gewaltige wälder von baumhohen farnen. dinosaurier lebten auf den landmassen, riesige insekten eroberten die lüfte und viele merkwürdige tiere bewohnten die meere. das leben entwickelte sich aus dem meer, breitete sich auf dem land aus und eroberte schließlich auch die luft. forscher können uns ein recht genaues bild von der vergangenheit liefern,
5 weil sie unter anderem versteinerungen von tieren und pflanzen und skelettteile von dinosaurieren und urmenschen gefunden haben. durch die veränderungen des klimas sind heute viele tierarten ausgestorben. viele andere arten konnten sich aber den veränderten umweltbedingungen anpassen und überlebten. oft haben sich auch aus vorhandenen arten völlig neue arten entwickelt, welche die veränderten lebensbedingungen besser nutzen
10 konnten. unsere heutige welt ist das ergebnis zahlloser entwicklungsversuche der natur. Der mensch ist ihr jüngster versuch. durch seinen kampf um nahrung und erleichterung des lebens hat er im laufe seiner existenz selbst wieder viele veränderungen hervorgerufen, die die zukunft des ganzen planeten beeinflussen.

Im Wörterbuch nachschlagen

S. 280

1 Sortiere die Buchstabenpäckchen nach dem Alphabet.

s, r, z, u, y, x, w, t

f, c, g, a, h, e, d

l, n, p, k, o, j, m, i

2 Ordne die folgenden Wörter so, wie du sie im Wörterbuch finden würdest.

bekritzeln · bekräftigen · bekommen · beköstigen · bekreuzigen · bekritteln · bekränzen · bekümmern · bekriegen · bekunden · bekennen · bekömmlich · bekrönen · beklatschen

3 Ableiten oder nachschlagen?

Nicht alle Wörter, bei denen du unsicher bist, wie du sie schreiben sollst, musst du nachschlagen. Meistens kommst du schneller zu einem Ergebnis, wenn du Rechtschreibregeln kennst und die Strategien anwendest, die du gelernt hast. Erst wenn diese Strategien nicht helfen, musst du nachschlagen.

Entscheide bei den folgenden Wörtern, ob du nach einer Regel schreiben kannst oder nachschlagen musst.

Gna?de · He?ring · Ra?t · qu?r · L?rm · erb?rmlich · M?rz · d?mmern · ?lter · die ?ltern · Grü?chen · betrü?t · hü?sch · Her?st · der A?t · genü?sam · ?tzend · gesa?t · verda?t

Gnade – Regel (Dehnungs-h nur vor l, m, n, r)

Arbeitsheft **5**

Textquellenverzeichnis

S. 4 u. 7: Schulz, Hermann / Oeser, Wiebke: Sein erster Fisch. Wuppertal: Peter Hammer Verlag 2000; **S. 26:** Bürger, Gottfried August: Wunderbare Reisen zu Wasser und Lande, Feldzüge und lustige Abenteuer des Freiherrn von Münchhausen. Nach der Ausgabe von 1788. Mit einem Anhang älterer Lügendichtungen. Herausgegeben von Irene Ruttmann, Stuttgart 1969 (Reclams Universal-Bibliothek Nr. 121), S. 9-11; **S. 28 u. 29:** Ende, Michael: Jim Knopf und Lukas, der Lokomotivführer. In: Ende, Michael: Jim Knopf und Lukas der Lokomotivführer. Stuttgart: Thienemann-Esslinger Verlag, 6. Auflage 2004, 16. Kapitel, S. 125 ff.; **S. 30:** Morgenstern, Christian: Der Lattenzaun. In: ders: Gesammelte Werke in einem Band. München: Piper Verlag, 11. Auflage 1989; **S. 31:** Morgenstern, Christian: Die Korf'sche Uhr, ebd.; **S. 32:** Morgenstern, Christian: Bundeslied der Galgenbrüder, ebd.; **S. 33:** Nach: Gernhardt, Robert: Lehrmeisterin Natur. In: ders: Lehrmeisterin Natur. In: Ders.: Reim und Zeit. Gedichte. © Stuttgart: Philipp Reclam jun. GmbH & Co. 1990, S. 15 (Lückentext); **S. 34:** Drösser, Christoph: Stimmt's? Können Tiere Muskelkater bekommen? In: Die Zeit 03/2014, 18. Januar 2014; **S. 36:** Das Radar. In: Das Radar: Aus: Hans Domengo u.a.: Wer Wie Was. Das Lexikon für Kinder. München/Wien: Verlag Jugend & Volk 1980, S. 210; **S. 60:** Peter, Brigitte: Ein Zungenzerfitzler. In: Deutsche Unsinnspoesie. Hg. von Peter Dencker. Stuttgart: Philipp Reclam jun. 1995, S. 339; **S. 64:** Morgenstern, Christian: Das ästhetische Wiesel. In: Ders: Gesammelte Werke in einem Band. München: Piper Verlag, 11. Auflage 1989; **S. 66:** Nach: Lobe, Mira: Sprechübungen für angehende Schauspieler. In: Hans Domenego u.a.: Das Sprachbastelbuch. Esslingen/Wien (12) 1996, S. 30 f. (Rechtschreibung verändert); **S. 67:** Nach: Unbekannter Autor: Dunkel war's, der Mond schien helle. **S. 75:** Gernhardt, Robert: Wenn die weißen Riesenhasen. In: Ders.: Ein gutes Wort ist nie verschenkt. Gedichte und Geschichten für Kinder (Sammelband). Frankfurt a. M.: S. Fischer Verlag, 2. Aufl. 2010; **S. 76:** Nach: Halbey, Hans Adolf: So was Dummes in: Ders. (Hg.): Schmurgelstein so herzbetrunken. München/Wien: Hanser Verlag 1994, S. 141

Bildquellenverzeichnis

S. 10 links: Kletterpark im Bodetal Thale © Daniel Kühne - Fotolia.com; **S. 10** rechts: © F1online; **S. 10** Mitte: Archäologischer Park Xanten © Interfoto/Bahnmüller; **S. 12:** mauritius images / Karl F. Schöfmann; **S. 14:** © picture alliance / Arco Images; **S. 15:** © Eric Isselée – Fotolia.com; **S. 18:** © Shutterstock / CnOPhoto; **S. 26:** Münchhausens Pferd am Kirchturm. Holzstich von 1839 nach einer Federzeichnung von Theodor Friedrich Wilhelm Hosemann © bpk / Dietmar Katz; **S. 69:** Silbenmännchen: WERNERWERKE GbR, Berlin

Redaktion: Mareike Zastrow

Illustration: Sulu Trüstedt, Berlin
Umschlaggestaltung: WERNERWERKE GbR, Berlin, unter Verwendung eines Fotos von Kiya Grafica / Shutterstock
Gesamtgestaltung und technische Umsetzung: WERNERWERKE GbR, Berlin

www.cornelsen.de

Alle Drucke dieser Auflage sind inhaltlich unverändert
und können im Unterricht nebeneinander verwendet werden.

© 2015 Cornelsen Schulverlag GmbH, Berlin
© 2020 Cornelsen Verlag GmbH, Berlin

Druck: AZ Druck und Datentechnik GmbH, Kempten

1. Auflage, 2. Druck 2020
mit interaktiven Gratis-Übungen
978-3-06-063183-4

1. Auflage, 3. Druck 2021
mit interaktiven Online-Übungen
978-3-06-063267-1

Lösungen

Seite 4

Sein erster Fisch *Herman Schulz*

1 a) Problem

b) und c) *So könnte deine Lösung aussehen:*

Handlungs-baustein	Handlung: *Was passiert?*	Gedanken und Gefühle: *Was denkt und fühlt die Haupt-figur?*	Wörtliche Rede: *An welchen Stellen sprechen die Figuren?*
Ausgangs-situation	Raul besucht Großvater; gemeinsames Angeln	stolz auf neue Angel; freut sich, dass Großvater sie mit ihm aus-probieren möchte	Raul bittet Henry um Hilfe; Henry erklärt Raul das Angeln
Problem	Raul fängt Fisch; Fisch zappelt; Leute beschimp-fen ihn als Tier-quäler	Raul weiß nicht, was er tun soll; ist überfordert und verunsichert	Raul fragt Henry, was er tun soll
Lösungs-versuch	Raul wirft auf Drängen der anderen Gäste hin Fisch zurück ins Wasser	Raul ist verwirrt; weiß nicht, was richtig ist	Raul teilt Henry seine Entscheidung mit
Ende	Raul und Henry fahren ohne Beute wieder nach Hause	Raul ist traurig, dass er keinen Fisch hat, aber er ist froh, dass er Angeln gelernt hat	Raul bedankt sich bei sei-nem Groß-vater für das Angeln

Seite 5

1 *So könnte deine Lösung aussehen:*

Der Erzählanfang A gefällt mir besser, weil man mit der direkten Rede gleich in die Handlung einsteigt. Außerdem sind die Sätze besser verknüpft.

2/3 *So könnte deine Lösung aussehen:*

Markierungen: blau grün rot

Raul dachte lange nach **und** schaute schließlich zu Henry. **Dieser** blickte ernst zurück. Raul sah den Fisch an, **der** auf dem Steg lag und zappelte. **Er** wollte ihn gern behalten **und** seinem Vater zei-gen. **Dieser** könnte ihn grillen. *Gleichzeitig* dachte Raul daran, ihn wieder ins Wasser zu werfen, **weil er** sich vor den Restaurantgästen schämte. **Diese** beobachteten ihn **und** schienen neugierig zu sein, was passieren würde. Einige von ihnen sahen sehr empört aus und waren sogar von ihren Plätzen aufgesprungen. *In diesem Moment* sagte Henry: „Du musst dich bald entscheiden, Raul, **denn** dem Fisch geht es nicht gut auf dem Steg. **Entweder** du wirfst ihn schnell ins Wasser **oder** du tötest ihn sofort!"

Seite 6

4 Adjektive: großer, kräftig, zupackend, laute, durchdringend, schmalen, gebräunte

Vergleiche: die an das Dröhnen einer Schiffssirene erinnert, wie Mandeln, wie ein Netz

5 *So könnte deine Lösung aussehen:*

Raul war ein fröhlicher Junge, der manchmal etwas zaghaft war. Er hatte kastanienbraunes Haar und eine helle, elfenbeinfarbene Haut. Sein Gesicht war mit winzigen Sommersprossen übersät. Raul war für sein Alter ziemlich klein und dünn, hatte aber trotz-dem erstaunlich viel Kraft und war sehr geschickt.

Seite 7

1 Gefühl wird direkt benannt	Gefühl wird durch ein Verhalten ausgedrückt
Raul beruhigte sich nur langsam (Z.11).	Rauls Hände zitterten (Z.1).
Er war traurig, wenn er an den Fisch dachte (Z.11).	Schweiß stand auf seiner Stirn (Z.1).
Aber gleichzeitig war er auch ein bisschen stolz (Z.11 f.).	Raul hatte Tränen in den Augen (Z.6).

2 *So könnte deine Lösung aussehen:*

Adjektive	Vergleiche	Gedanken der Figur	körperliche Reaktionen
ängstlich, hilflos, aufgeregt	Raul fühlte sich wie das Kaninchen vor der Schlange.	„Was soll ich bloß tun?"	Rauls Hände zitterten (Z. 1). Schweiß stand auf seiner Stirn (Z. 1).
verunsichert, traurig	Er fühlte sich wie ein schlechter Mensch.	„Der arme Fisch. Er tut mir auch leid."	Raul hatte Tränen in den Augen (Z. 6)
empört (Z. 7)	Sie waren wie von der Tarantel gestochen.	„Warum quält der Junge den Fisch?"	Die Leute sprangen von ihren Tischen auf.
stolz (Z. 12)	Er stand kerzengerade da.	„Trotzdem: Den Fisch habe ich ganz allein gefangen. Es ist mein erster Fisch."	Er richtete sich wieder auf und blickte gerade aufs Wasser.

Seite 8

1 a)

Anton will Peer unauffällig darauf aufmerksam machen, dass jemand um ihr Zelt schleicht.	flüstern, hauchen, wispern
Andreas ist außer sich, weil seine kleine Schwester seinen Schreibtisch in Unordnung gebracht hat.	schreien, brüllen, schimpfen
Sandra darf ihre Freundin Betty mit in den Urlaub nehmen und ruft sie sofort an.	frohlocken, jubeln, jauchzen
Anne versucht ihre Eltern zu überzeugen, dass sie den neuen Kinofilm sehen darf.	flehen, bitten, betteln

b) Philip kommt mit seiner verstorbenen Rennmaus in der Hand zu seinem Vater. → weinen, schluchzen, jammern

2 *So könnte deine Lösung aussehen:*
- „Wie konntest du nur?", schrie Andreas seine kleine Schwester an: „Du hast meinen Schreibtisch total verwüstet!"
- Jubelnd ruft Sandra ihre Freundin Betty an: „Stell dir vor, du darfst mit uns in den Urlaub fahren!"
- „Bitte, bitte", fleht Anne ihre Eltern an, „alle anderen sehen sich den neuen Film auch an!"
- „Guck mal, Papa", schluchzt Philip, „meine Rennmaus ist tot."

1 Henry blickte Raul lächelnd an und ~~verspricht~~: „Heute Abend grillen wir deinen ersten Fisch über dem Feuer." Er ~~hilft~~ Raul, die Angel zusammenzupacken, und ~~zieht~~ sich seine Gummistiefel über die nackten Füße. Dann griff er nach seiner Kamera. Er ~~geht~~ zu der entsetzt schauenden Dame auf der Restaurantterrasse und ~~bittet~~ sie: „Könnten Sie mich und Raul gemeinsam mit seinem ersten Fisch fotografieren? Diesen Tag wollen wir immer in Erinnerung behalten."

→versprach

→half
→zog

→ging
→bat

Seite 9

1 a) *So könnte deine Lösung aussehen:*

	Handlung:	Gedanken & Gefühle	Wörtliche Rede
Ausgangssituation	Sina erzählt Vicky von einer Höhle, die sie und Lara am Tag vorher entdeckt haben; sie verabreden sich für den Nachmittag dort.	stolz, aufgeregt	Sina flüstert Vicky das Geheimnis zu.
Problem	Sinas stellt Vicky vor die Wahl: Entweder sie geht allein in die Höhle, um zu schauen, wie groß sie ist, oder sie und die anderen Mädchen sind nicht mehr Vickys Freundinnen.	verunsichert, ängstlich	Sina erpresst Vicky mit ihrer Freundschaft.
Lösungsversuch	Vicky zögert; sie versucht, die Freundinnen zum Mitkommen zu überreden, und schlägt vor, sich zunächst bei Erwachsenen über die Höhle zu erkundigen. Die Freundinnen lehnen ab und lachen sie aus.	traurig, enttäuscht	Vicky will Freundinnen überzeugen, ihr die Mutprobe zu ersparen.
Ende	Vicky entschließt sich, nicht auf ihre Freundinnen zu hören, und geht nach Hause. Die Freundinnen sind überrascht, dass sich Vicky nicht erpressen lässt, und entschuldigen sich bei ihr.	zufrieden, glücklich	Vicky bedankt sich bei ihrer Mutter.

b) *So könnte deine Lösung aussehen:*

Die Mutprobe

Vicky, Sina und ihre Freundinnen waren gerade auf dem Nachhauseweg von der Schule, als Sina Vicky zur Seite nahm und ihr zuflüsterte: „Hast du schon gehört, dass Lara und ich gestern am Waldrand den Eingang zu einer Höhle entdeckt haben? Die sah total spannend aus. Wir wollen nachher mal dorthin gehen und nachschauen, wohin der Eingang führt. Kommst du mit?" Vicky war stolz, dass Sina ihr dieses Geheimnis anvertraute, und stimmte zu, sich mit den anderen am Nachmittag dort zu treffen.

Als sie später am verabredeten Ort eintraf, waren die anderen schon dort. Sina und Lara sahen sich verschwörerisch an und sagten: „Wenn du weiter mit uns befreundet sein willst, musst du alleine in die Höhle gehen und schauen, wie groß sie ist." Vicky erschrak. Sie wusste, dass ihre Eltern ihr dies niemals erlauben würden. Außerdem sah es dunkel und unheimlich in der Höhle aus. Zunächst versuchte sie, Sina und Lara zu überreden, ihr diese Mutprobe zu ersparen. Doch die beiden ließen nicht mit sich reden, sondern grinsten nur und riefen: „Feigling, Feigling!" „Wir könnten doch zusammen hineingehen", schlug Vicky vor, „oder wir erkundigen uns erst einmal bei unseren Eltern über die Höhle. Vielleicht wissen sie ja etwas." Doch Sina und Lara blieben stur und schauten sie nur verächtlich an.

In diesem Moment wurde Vicky klar, dass die beiden gar keine echten Freundinnen sein konnten, wenn sie so etwas von ihr verlangten. Sie drehte sich auf dem Absatz um und lief ohne ein weiteres Wort nach Hause. Nachdem sie ein Stück gegangen war, hörte sie plötzlich Schritte hinter sich und drehte sich um. Da sah sie Sina und Lara, die hinter ihr herrannten. Vicky blieb stehen und ließ die beiden herankommen. „Es tut uns leid!", riefen die beiden atemlos. „Das war eine blöde Idee von uns. Natürlich bist du trotzdem noch unsere Freundin." Das letzte Stück nach Hause gingen alle drei Arm in Arm und kicherten herum wie immer.

Seite 10

1/2 *So könnte deine Lösung aussehen:*

Markierungen: Mitschüler/-innen, Eltern, Lehrer/-innen

Argumente für

- **den Kletterpark:** Man ist an der frischen Luft. / Man bewegt sich. / Klettern trainiert die Geschicklichkeit. / Klettern ist eine Herausforderung. / Klettern macht Spaß. / Klettern ist etwas Besonderes.
- **das Geschichtsmuseum:** Man lernt etwas über die alten Römer. / Es gibt spannende Führungen zu verschiedenen Themen. / Die Geschichte Roms ist Thema in der Schule.
- **das Spaßbad:** Es gibt ein Wellenbad. / Es gibt schnelle Rutschen. / Man kann sich bewegen. / Man kann sich austoben. / Man kann lustige Spiele machen.

Seite 11

1 *So könnte deine Lösung aussehen:*

- Am Wandertag sollten wir ins Museum gehen, weil wir dort Vieles über die Geschichte Roms erfahren, das uns auch im Unterricht nutzt.
- Meiner Ansicht nach sollten wir das Spaßbad als Ausflugsziel wählen, da das Toben im Wasser ein guter Ausgleich zum Stillsitzen in der Schule ist.
- Ein Kletterpark ist das ideale Wandertagsziel, denn dort sind wir an der frischen Luft und trainieren unsere Geschicklichkeit.

2 [...] unbedingt ein Spaßbad besuchen, **denn** dort gibt es viele Attraktionen, **beispielsweise** eine Turborutsche, die 20 m lang ist. **Da** der Wandertag im Juni stattfindet, [...]. Andere Kinder möchten dagegen ins Museum, **weil** sie dort Spannendes über die alten Römer lernen können. **Außerdem** ist das Museum nicht weit von der Schule entfernt, **sodass** [...]. **Darüber hinaus** gibt es im Hochseilgarten [...]. **Dagegen** spricht allerdings [...], **so zum Beispiel** die Stationen in 9 Meter Höhe.

3 *So könnte deine Lösung aussehen:*

Zoobesuch	Zirkusschule	Bowlingbahn
Ein Zoobesuch eignet sich sowohl für Regen- als auch für Sonnenwetter, weil es Außengehege und verschiedene Tierhäuser gibt.	Man kann akrobatische Übungen erlernen.	Die Klassengemeinschaft wird durch das Spielen in verschiedenen Teams gestärkt.
Man lernt viel über den Umgang mit Tieren, ihr Verhalten usw.	Man kann hinter die Kulissen eines Zirkus schauen.	Man bewegt sich als Ausgleich zum Stillsitzen in der Schule.

Seite 12

4a *So könnte deine Lösung aussehen:*

Schulleitung: kurze Anfahrt, geringe Fahrtkosten, antikes Rom Thema in Geschichte Klasse 6, wetterunabhängig, Stärkung der Klassengemeinschaft, Sternbilder und die Geschichten der Römer dazu können besser nachts erklärt werden, Eltern kommen als Begleitung mit, Einblicke in nächtliches Leben des antiken Rom

b) *So könnte deine Lösung aussehen:*

- weckt auch bei Museumsmuffeln Interesse
- Eindrücke bleiben besser in Erinnerung, weil es etwas Besonderes ist

c) *So könnte deine Lösung aussehen:*

1. Sternbilder und die Geschichten der Römer dazu können besser nachts erklärt werden
2. Einblicke in nächtliches Leben des antiken Rom
3. antikes Rom Thema in Geschichte Klasse 6

5 *So könnte deine Lösung aussehen:*

Wir sind der Ansicht, dass eine nächtliche Tour in den Archäologischen Park Xanten das ideale Wandertagsziel für unsere Klasse ist, für das es sich lohnt, eine Ausnahme zu machen. Für einen nächtlichen Besuch im Archäologischen Park Xanten spricht z. B., dass Sternbilder nur nachts erklärt werden können. Außerdem erhält man unvergessliche Einblicke in das nächtliche Leben des antiken Rom. Hinzu kommt, dass das antike Rom Thema des Geschichtsunterrichts in der 6. Klasse ist und das Thema durch den Museumsbesuch sehr gut vorbereitet wird.

6 a) *So könnte deine Lösung aussehen:*

Sehr geehrte Frau … / Sehr geehrter Herr …,

im Auftrag der Klasse 5b möchte ich Sie um die Genehmigung eines nächtlichen Schulausfluges in den Archäologischen Park Xanten außerhalb der Schulzeit bitten.
Wir sind in unserer Klasse der Überzeugung, dass ein nächtlicher Museumsbesuch das ideale Wandertagsziel ist. Unsere Gründe dafür sind: Der Archäologische Park Xanten bietet bei seiner nächtlichen Öffnung einmal im Monat besondere Führungen zu Sternbildern und den Geschichten der Römer zu diesen Sternbildern. Außerdem enthält man viele interessante und unvergessliche Einblicke in das nächtliche Leben des antiken Rom. Schließlich ist das antike Rom Thema im Geschichtsunterricht der 6. Klasse und mit dieser Tour wären wir ideal darauf vorbereitet.

Wir hoffen auf Ihre Erlaubnis für diesen Wandertag.

Mit freundlichen Grüßen für die Klasse 5b

Tanja Baumann

Seite 14

1 *So könnte deine Lösung aussehen:*

Informationen zu …	Lexikon- artikel	Such- anzeige	Tierver- mittlung
Tierart/Rasse	X	X	X
Geschlecht		X	X
Abstammung	X		
äußere Merkmale (Größe/Farbe/Körperbau)	X	X	X
Alter	X	X	X
Lebensraum	X		
Umgang und Haltung	(X)		X
Spitzname			

Informationen zu …	Lexikon- artikel	Such- anzeige	Tierver- mittlung
besondere Kennzeichen		X	X
Charakter bzw. Verhalten	X	(X)	X
Kontaktadresse		X	X

2 a) und b) *So könnte deine Lösung aussehen:*

dichtes, weiches, mehrfarbiges Fell; große schwarze Augen; kurzer Hals; schneeweiße, rundliche Blume; zweifarbige Vorderläufe; stehende, mittelgroße Löffel; kräftige Hinterläufe; runder graubrauner Kopf; dichte, lange Mähne; langhaarige Brust

Seite 15

3 *So könnte deine Lösung aussehen:*

Tiersteckbrief

Tierart:	Kaninchen
Rasse:	Zwergkaninchen

Äußere Merkmale

– Größe/Gewicht – Farbe des Fells und Fellbeschaffenheit – Körperbau	– ca. 20 bis 30 cm lang, unter 2 kg – dichtes, weiches Fell, ein- oder mehrfarbig, oft gescheckt – klein und gedrungen

Lebensweise/Verhalten

– Nahrung	– Fertigfutter führt zu Verfettung und Krankheit – frische Gräser, Blätter, Rinden, Heu, Obst, Gemüse
– Unterbringung	– viel Platz zum Rennen und Toben – Gruppentiere, brauchen andere Kaninchen zur Gesellschaft – zutrauliche Haustiere – ruhiger, dunkler Unterschlupf zum Ausruhen
– Umgang/Pflege	– pflegen sich selbst – Krallen schneiden – Stöcke für Zahnabrieb

4 *So könnte deine Lösung aussehen:*

Zwergkaninchen gehören zu der Tierart Kaninchen. Sie sind klein und gedrungen, ca. 20 bis 30 cm lang, wiegen meist unter zwei kg und haben ein dichtes, weiches Fell. Bei einem Zwergkaninchen handelt es sich um ein zutrauliches Haustier, welches jedoch andere Kaninchen zur Gesellschaft braucht. Des Weiteren benötigen sie einen ruhigen und dunklen Unterschlupft, wohin sie sich zurückziehen können. Man sollte darauf achten, dass sie frische Nahrung erhalten, wie z. B. frische Gräser, Blätter, Obst, Gemüse etc., denn von Fertigfutter werden sie fett und krank. Ab und zu benötigen sie Stöcke und Äste für den Zahnabrieb. Sie sind auch insgesamt sehr pflegeleicht, da sie sich selbst pflegen, doch ihre Krallen muss man regelmäßig schneiden.

Seite 16

1 a)
- „Ich habe vorhin einen älteren Schüler an den Fahrradständern gesehen, der ist sicher schon in der 8. Klasse."
- „Er war sehr groß …"
- „Der Junge hat eine hellblaue Jacke getragen und Jeans."
- „Dunkle, kurze Haare hatte er!"

b)
- „Er guckte sich immer so komisch um. Sicher war der das mit den Rädern!"
- „Er … hatte hässliche Klamotten an."
- „Aber seine Schuhe waren cool …"
- „Ist doch egal, er sah auf jeden Fall unsympathisch aus!"

2 a), b) und c)

1	Der Junge, der bei den Fahrradständern stand, geht vermutlich in die 8. Klasse, ist also 14 Jahre alt. ~~Sicherlich ist er in der Klasse 8d, da sind nämlich lauter Chaoten.~~	**(geschätztes) Alter, Geschlecht**
2	Er war recht groß und kräftig gebaut, ~~ein Schlägertyp.~~	**Größe, Körperbau**
3	Er trug eine hellblaue Jacke, bei der auf der Rückseite ein großes rundes Logo des Meerbuscher Fußballvereins ist. ~~Die sind gerade abgestiegen.~~ Dazu hatte er eine ausgewaschene Jeans und weiße Sneaker an.	**Kleidung**
4	Sein Gesicht ist länglich und blass. Er hat dunkle Augen und eine recht große Nase, ~~richtig hässlich sieht er aus.~~ Seine Ohren sind eng anliegend.	**Gesicht, Gesichtsform, Augen, Ohren**
5	Er hat kurze, dunkle Haare, die an den Seiten abrasiert und oben verstrubbelt sind. ~~So eine Frisur hat auch mein großer Bruder, der auf das Nachbargymnasium geht.~~	**Haare, besondere Kennzeichen**
6	~~Der Junge wirkt wie ein Angeber, da er sich lässig an die Fahrradständer lehnte, total arrogant.~~	–

Seite 17

3 **Haare**	**Gesichtsform**	**Augen**	**Nase**	**Mund/Lippen**	**besondere Kennzeichen**
lockig, etwas länger, rot	rundlich	grün	schmal gerade	breiter Mund, volle Lippen	viele Sommersprossen

4 Gesucht wird nach einem Jungen mit lockigem, rotem Haar und einem rundlichen Gesicht. Seine Augen sind grün und seine Nase ist schmal und gerade. Er hat einen breiten Mund mit vollen Lippen. Ein besonderes Erkennungsmerkmal sind seine vielen Sommersprossen.

Seite 18

1		**Adressat:**	**Zweck:**
	Text 1	möglicher Finder	Suchanzeige: Beschreibung besonderer Erkennungszeichen
	Text 2	möglicher Käufer	Verkaufsanzeige: Beschreibung der Merkmale, der Vorzüge und des Zustands
	Text 3	Eltern, Großeltern o. Ä.	Wunschzettel: jemand wünscht sich den Rucksack; beschreibt dessen Vorzüge

2

Oberbegriffe	Merkmale und Eigenschaften dieser Sporttasche
Größe	60 cm (Breite) x 30 cm (Höhe) x 30 cm (Tiefe)
Form (Fächer/Ausstattung)	zwei Seitentaschen, seitliche Netzeinsteckfächer, Hauptfach, Schultergurt, gepolsterter Tragegriff, Zweiwegereißverschluss
Farbe/Gestaltung	Aufdruck „Sport"
Material	Polyester, wasserabweisendes Obermaterial
Besondere Kennzeichen	Sporttasche, Modell „Sport"
Zustand und Preis	Innenfutter mit leichten Gebrauchsspuren, 20 € (Neupreis 60 €), Reißverschluss an rechter Seitentasche
wichtige Zusatzinformationen für die Käuferin/ den Käufer	Name, Adresse, Telefonnummer

3 *So könnte deine Lösung aussehen:*

Ich verkaufe eine stabile, voll funktionstätige Sporttasche, die viel Platz und Stauraum bietet. Das Obermaterial besteht aus wasserabweisendem Polyester, sodass bei Regen nichts durchweichen kann und der Inhalt geschützt ist. Die Tasche ist 60 cm x 30 cm x 30 cm groß, sodass auch Sportschuhe mit hineinpassen. Neben dem Hauptfach hat sie noch zwei Seitentaschen und seitliche Netzeinsteckfächer. Insgesamt ist sie sehr gut erhalten, nur das Innenfutter und der Reißverschluss an der rechten Seitentasche sind leicht beschädigt. Daher kostet sie auch nur 20 € (der Neupreis war 60 €). Insgesamt ist die Sporttasche sehr gut erhalten.

Seite 20

1 Ausgangssituation: Zeile 1–2 (Mitte)

Problem(e): Zeile 2–7; Zeile 9–11

Lösungsversuch(e): Zeile 7–9; Zeile 11

Ende: Zeile 11–14

2 *So könnte deine Lösung aussehen:*

Es war einmal vor langer Zeit ein Bauer, der hatte ein Zauberschwein. Das Besondere an dem Schwein war, dass es reden konnte. Obwohl die Zeiten schwer waren, schlachtete er es nicht. Doch plötzlich kam eine Hungersnot und niemand konnte etwas zu essen kaufen. Obwohl der Bauer und das Schwein immer magerer wurden, schlachtete er das Zauberschwein nicht und beide überlebten.

Inzwischen war noch eine Krankheit über das Land gekommen: die Schweinepest, an der viele Schweine starben. Aber dem Bauern gelang es auch jetzt, sein Schwein zu beschützen. Er gab ihm sogar von seinem eigenen Essen ab, sodass das Schwein überlebte. Nicht lange danach kamen Diebe vorbei und brachen ein, um alles Wertvolle zu stehlen. Als sie aber auch das Schwein mitnehmen wollten, schlug der Bauer sie in die Flucht. Da war das Schwein so dankbar, dass es dem Bauer sagte, wo auf seinem Acker ein Schatz versteckt war. Der Bauer fand den Schatz und wurde reich. Und so lebten sie noch lange glücklich und zufrieden zusammen.

Seite 21

1 Die kluge Prinzessin

Verben im Präteritum: war, wollte, sprach, fand, lud … ein, staunten, trat, brachen … auf, zerbrachen, konnte, gab, rätselten herum, bestand, kannte, erhob sich, verzog, begann, war, sah, zusammenpassten, feierten

Verben im Präsens (wegen wörtlicher Rede): begehrt, verlange, ist, ist, müsst

Seite 22

1 edel → vornehm; er ward → er wurde; Haupt → Kopf; Mägdelein, Jungfrau, Maid → Mädchen; Ross → Pferd; er sprach → er sagte; Mahl → Essen; er grübelte → er dachte nach; tapfer → mutig; anmutig, lieblich → schön/hübsch für Frauen; einst → früher; ihm wurde bang → er bekam Angst; Gewand → Kleid

2 *So könnte deine Lösung aussehen:*

sie vernahm → sie hörte; ein jeglicher → jeder; es währte → es dauerte; die Kunde → die Nachricht; er erbarmte sich → er hatte Mitleid; von dannen → weg; sie hub an → sie begann; binnen drei Tagen → innerhalb von drei Tagen; ein gar dichter Wald → ein sehr/ziemlich dichter Wald; er gewährte ihm → er erlaubte ihm; sie tat, wie ihr geheißen → sie führte die Anweisung aus

Seite 23

1 *So könnte deine Lösung aussehen:*

Die Eisprinzessin
hohen; wunderschöne; junge/mutige; gläsernen; riesigen; kleine/runzlige/giftige; unglaublichen; kaltem

2 *So könnte deine Lösung aussehen:*

Die Eisprinzessin (Fortsetzung)
erzählten/brachten; verkündeten/überbrachten; der Jüngling; aufregend fand; sich aufzumachen; für sich zu gewinnen; wanderte; kletterte; quälte sich; ertrug; entdeckte; trat ein

3 a) *So könnte deine Lösung aussehen:*

Problem:
– Jäger trifft auf Eisprinzessin, verliebt sich; bittet sie, seine Frau zu werden

– Eisprinzessin beachtet ihn nicht
– Zwerge wollen ihn in die Tiefen werfen

Lösungsversuche:
– Jäger versucht, Hilfe der Zwerge zu gewinnen
– bringt Zwergen Kuchen und Wein mit
– Zwerge verraten ihm, wie er das kalte Herz der Prinzessin erwärmen kann: 1. Blaue Blume besorgen, um ihren zu Eis erstarrten Bruder zu erlösen, 2. sie zum Lachen und 3. sie zum Weinen bringen

Ende:
– erfüllt alle drei Aufgaben erfolgreich
– Prinzessin und ihr Bruder werden vom Jäger gerettet, Feier mit den Dorfbewohnern
– Jäger und Prinzessin heiraten

b) *So könnte deine Lösung aussehen:*

Der Palast aus Eis glänzte in der winterlichen Sonne. Die Prinzessin stieg von der Treppe, beachtete den Jäger aber mit keinem Blick. Als der Jäger gerade anhob, sie zu fragen, ob sie nicht seine Frau werden wolle, erschienen die Eiszwerge und wollten ihn, wie seine Vorgänger, in die Tiefen des Nebelgebirges werfen.
Doch der Jäger hatte sich vorbereitet und Kuchen und Wein für die Zwerge mitgebracht. Die Zwerge blickten ihn plötzlich freundlich an und kamen näher. Da fragte der mutige und schlaue Jäger: „Wie kann ich das Herz der Prinzessin erwärmen, sodass es wieder Gefühle empfindet?" Die Zwerge, die ganz gerührt waren, dass ihnen so viel Beachtung zuteil geworden war, verrieten ihm das Geheimnis des kalten Herzens: „Du musst eine seltene, blaue Kornblume finden. Nur sie kann ihren zu Eis erstarrten Bruder zum Leben erwecken. Auch musst du die Prinzessin einmal zum Weinen und zum Lachen bringen. Wenn du das schaffst, schmilzt auch die Eishülle ihres Herzens."
Sogleich machte sich der Jäger auf, die geheimnisvolle Blume zu suchen. Nach vielen Tagen in den Bergen entdeckte er sie und steckte sie sorgfältig ein. Wieder im Palast angekommen, erzählte er der Prinzessin eine traurige Geschichte, sodass Tränen ihre Wangen hinunterkullerten. Gleich darauf erzählte er einen so komischen Witz, dass sie hell und schallend auflachte und die eisige Hülle ihres Herzens zu schmelzen begann. In diesem Moment legte der Jäger ihrem Bruder die blaue Blume auf den Brustkorb und, siehe da, sein Herz wurde warm und er erwachte. Als die Prinzessin ihren Bruder sah, schmolz auch der Eispanzer um sein Herz und sie umarmte ihren Bruder. Dann wandte sie sich zum Jäger: „Seit mein Bruder von der bösen Hexe in einen Eisklotz verwandelt wurde, war auch mein Herz aus Eis. Dank dir sind wir nun endlich befreit."
Und so zogen sie gemeinsam in das Bergdorf, um die frohe Botschaft zu verkünden. Schon bald darauf heiratete die Prinzessin den Jäger. Und wenn sie nicht gestorben sind, dann leben sie noch heute.

Seite 24

1 *So könnte deine Lösung aussehen:*

Hauptperson: Prinzessin; **magischer Ort**: dunkle, juwelenbesetzte Höhle; **Prüfung/Gefahr**: jemanden retten; **Gegenspieler**: geldgieriger Drache; **Helfer**: drei Kobolde; **magische Handlung**: (gereimter) Zauberspruch

2 Ausgangssituation: Prinzessin muss ihr Reich retten, weil geldgieriger Drache die Felder vor der Ernte abgebrannt hat und ihren Vater (den König) entführt hat

Problem: Prinzessin muss in die Höhle, am Drachen vorbei, um ihren Vater zu retten, Mitnahme der Juwelen, um damit den Bauern über den Winter helfen zu können

Lösungsversuche: drei Kobolde helfen ihr, den Drachen zu besiegen, verzaubern Drachen in eine Kuh

Ende: die Kobolde helfen Prinzessin, Juwelen an die Bauern zu verteilen, damit sie zufrieden ihre Felder neu bestellen können

3 *So könnte deine Lösung aussehen:*

Es war einmal eine Königstochter, die sehr verwöhnt war. Immerzu sagte sie: „Ich will dies und das nicht machen!" Eines Tages jedoch wandelte sich ihr Leben, denn der geldgierige Drache Rubin zog über die Felder der Bauern und steckte alles in Brand. Als er am Schloss landete, forderte er, man solle ihm die Königstochter herausgeben. Doch der mutige König gab sie nicht her. Da nahm der wütende Rubin den König einfach mit. Verdutzt blieb die Prinzessin zurück.

Sie machte sich auf die Suche nach ihrem Vater und wanderte tagelang über hohe Berge, bis sie an der großen, juwelenbesetzten Höhle des Drachen ankam. „Wenn ich gegen Rubin kämpfe, wird er gewinnen, denn er ist mir überlegen! Ich brauche einen Trick, eine List", überlegte die Prinzessin. Da kamen plötzlich drei Kobolde aus einer Felsspalte hervor. „Prinzessin", sagte einer von ihnen, „wir helfen dir; wir können zaubern." Die Prinzessin war hocherfreut und beriet sich mit den Kobolden. Mutig gingen sie in die Höhle. Selbstbewusst sagte die Prinzessin: „Gib mir meinen Vater zurück oder kämpfe mit mir!" Da krümmte sich der Drache vor Lachen: „Du willst gegen mich kämpfen? Dass ich nicht lache! Deinen Vater gebe ich dir nur gegen einen Sack Juwelen für meine Höhle zurück." Doch die Prinzessin antwortete: „Ich werde dir die Juwelen nicht geben, denn ich weiß genau, dass du danach mehr fordern wirst." Da wurde der Drache so wütend, dass er Feuer spie. In diesem Moment flüsterte ein Kobold: „Es ist Zeit zu zaubern!". Hierauf traten die Kobolde aus ihrem Versteck und sprachen:

> „Böser Drache du,
> werd' im Nu zur Kuh!"

Augenblicklich verwandelte sich Rubin in eine Kuh, die nun verwirrt in der Gegend umherschaute. Die Prinzessin, die Kobolde und der König jubelten, denn der Drache war besiegt.

Rubins riesigen Berg Juwelen sammelte die Prinzessin schnell ein. Die Kuh aber banden sie an eine Leine und traten den Heimweg an. Zu Hause angekommen, erzählten die Beteiligten den Bauern, was passiert war, und übergaben ihnen die Kuh und den Sack voller Edelsteine. Da freuten sich die Bauern, dass ihr Land und ihr Winter gerettet waren, und dankten der Prinzessin, dem König und den Kobolden, denn sie bekamen einen Ausgleich für die verlorene Ernte. Der König lobte seine Tochter, dass die so selbstständig und mutig gehandelt hatte. Und so lebten alle glücklich und zufrieden bis an ihr Lebensende.

Seite 25

1 Fehlersatz	Verbesserung	Begründung
Es war einmal ein Königspaar. Das eine Tochter bekam.	Es war einmal ein Königspaar, das eine Tochter bekam.	„das" (Relativpronomen) leitet Nebensatz ein, Nebensatz muss mit Komma abgetrennt werden
Die Fee kam trotzdem und war <u>sauer</u>.	Die Fee kam trotzdem und war <u>entrüstet</u>.	„sauer" zu umgangssprachlich
<u>Und dann</u> stach sich die Prinzessin. <u>Und dann</u> schlief sie ein.	<u>Und dann</u> stach sich die Prinzessin. <u>Daraufhin</u> schlief sie ein.	Satzanfänge sollten abwechslungsreich sein
Sie schlief hundert Jahre, und alle im Schloss <u>machten das mit ihr.</u>	Sie schlief hundert Jahre, und allen im Schloss <u>erging es ebenso.</u>	„machen" zu umgangssprachlich und zu ungenau
Eine Dornenhecke <u>kam.</u>	Eine Dornenhecke <u>wuchs heran.</u>	Verb „kam" passt nicht zum Wachsen von Pflanzen
Der Prinz <u>machte</u> sie kaputt und <u>küsste sie.</u>	Der Prinz zerteilte die Dornenhecke und küsste die Prinzessin.	„machen" zu umgangssprachlich und zu ungenau; Verb „küssen" muss sich eindeutig auf die Prinzessin beziehen

Seite 26 f.

1 **a), b) und c)** *So könnte deine Lösung aussehen:*

Die Reise nach Russland *Gottfried August Bürger*

Ausgangssituation Z. 1–22	Problem Z. 23–49	Lösung Z. 50–52	Ende Z. 52–53
Münchhausen reist im Winter mit dem Pferd nach Russland. Es ist sehr kalt. M. gibt einem Frierenden seinen Mantel.	M. wird müde, bindet sein Pferd an einer Baumspitze an und legt sich in den Schnee zum Schlafen. Als er aufwacht, ist der Schnee getaut und sein Pferd hängt an der Kirchturmspitze.	Mit seiner Pistole schießt er das Halfter durch. Das Pferd landet wieder auf dem Boden.	Münchhausen reitet weiter.

2 *So könnte deine Lösung aussehen:*

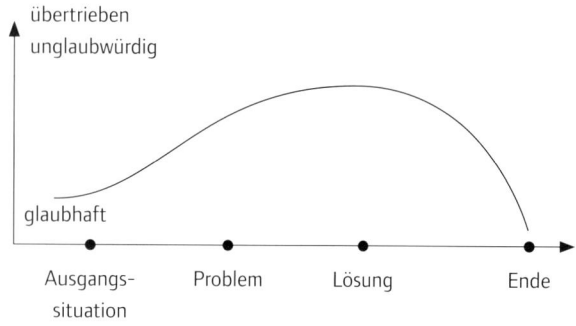

Seite 28

Jim Knopf und Lukas der Lokomotivführer *Michael Ende*

1 Aussehen (äußere Merkmale): Z. 1–15, Z. 40–52

Handlungen/Verhalten: Z. 16–19, Z. 24–27, Z. 37–43

Lebensumstände: Z. 55–58

Eigenschaften: Z. 17, Z. 20–22, Z. 30–47, Z. 58–59

Seite 29

3 a) und b)

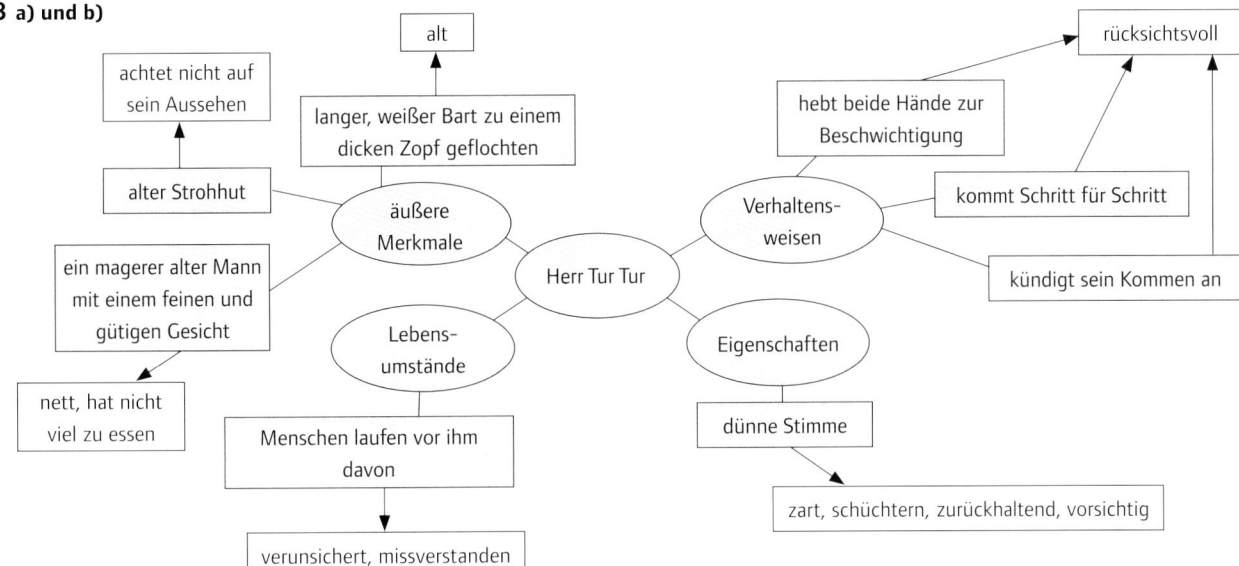

4 a) und b)

> Herr Tur Tur fühlt sich einsam (Z. 15–17). Er ist sich seiner
> Wirkung bewusst (Z. 6–13). ~~Herr Tur Tur reist gern.~~ Der
> Scheinriese sorgt sich um andere Menschen und möchte
> ihnen keinen Schrecken einjagen (Z.12–13). Der alte Mann
> ist freundlich und zuvorkommend (Z. 8–10). ~~Der hagere alte~~
> ~~Herr ist sehr neugierig.~~ Herr Tur Tur hadert mit seinem Dasein
> als Scheinriese, weil es ihm den Kontakt zu anderen Men-
> schen erschwert (Z.12–13). ~~Herr Tur Tur sehnt sich danach,~~
> ~~noch einmal jung zu sein.~~

5 *So könnte deine Lösung aussehen:*

Herr Tur Tur ist ein Scheinriese, der in der Wüste am „Ende der
Welt" lebt.

Er hat einen langen weißen Bart, den er zu einem dicken Zopf
geflochten hat, und trägt einen alten Strohhut. Das Besondere an
ihm ist, dass er aus der Ferne ungeheuer groß wirkt, in Wirklichkeit
aber sogar kleiner als Lukas ist.

Als seine Eltern, die ihn sehr liebten und als einzige keine Angst
vor ihm hatten, starben, reist er durch die Welt, um einen Ort zu
finden, wo die Menschen keine Angst vor ihm haben. Doch überall
erschreckten sich die Menschen vor ihm. Daher zog er sich schließlich in die Wüste zurück.

Dass Herr Tur Tur sehr rücksichtsvoll ist, erkennt man daran, dass er
bemüht ist, den Menschen keinen Schreck einzujagen, und deshalb
einsam in der Wüste lebt.

Seite 30

1 *So könnte deine Lösung aussehen:*

Mir gefällt das Gedicht gut, weil es lustig ist und man über den
Inhalt nachdenken muss.

2 a) und b) Das Gedicht ist im Paarreim (aa bb) geschrieben.

3 b) und c) Bei dem Metrum handelt es sich um einen Jambus
(x x́ x x́).

Der Lattenzaun *Christian Morgenstern*

x x́ x   x́ x   x́ x x́
Es war einmal ein Lattenzaun,   a

x   x́   x x́   x x́   x   x́
Mit Zwischenraum, hindurchzuschaun   a

x   x́ x x́   x x́ x x́
Ein Architekt, der dieses sah,   b

 x   x́ x x́ x   x́ x x́
stand eines Abends plötzlich da –   b
…

4 *So könnte deine Lösung aussehen:*

Es war einmal ein Fahrradlicht,
doch leider funktionier' es nicht.

Es ging kaputt bei einem Sturz,
die Ecke war ja viel zu kurz.

Der Polizist bemerkte dies,
drum sperrt' er mich in das Verlies.

'ne ganze Nacht verbracht' ich dort,
dann kam Mama und bracht' mich fort.

Seite 31

1 *So könnte deine Lösung aussehen:*

Das Gedicht gefällt mir ganz gut, weil es lustig ist und man über den Sinn des Inhalts nachdenken kann.

2 a) und b) Es handelt sich um einen Kreuzreim (ab ab).

c) und d) Es handelt sich um einen Trochäus (x́x x́x).

Die Korf'sche Uhr *Christian Morgenstern*

x́   x   x́ x   x́   x   x́
Korf erfindet eine <u>Uhr</u>,   a

x́   x   x́   x   x́   x   x́
die mit zwei Paar Zeigern <u>kreist</u>,   b

x́   x   x́ x   x́   x   x́
und damit nach vorn nicht <u>nur</u>,   a

x́   x   x́   x   x́   x   x́
sondern auch nach rückwärts <u>weist</u>.   b

…

3 *So könnte deine Lösung aussehen:*

Korf erfindet einen Hut,
der sich auf dem Kopfe dreht
und ihm bei der Sonne Glut
immer frische Luft zuweht.

Korf erfindet einen Wecker,
der zur frühen Morgenstund
geht von ganz allein zum Bäcker
und steckt ihm das Brot in'n Mund.

Seite 32

1 *So könnte deine Lösung aussehen:*
Fantasiewörter, die wiederholt werden (Greule); bestimmte Laute (u und eu) wiederholen sich oft

2 a), b) und c)

Markierungen: <u>Stabreim (Alliteration)</u>   Wortwiederholungen
Binnenreim

Bundeslied der Galgenbrüder *Christian Morgenstern*
O schauerliche Lebenswirrn,
wir hängen hier am roten Zwirn!
Die <u>U</u>nke <u>u</u>nkt, die <u>Sp</u>inne <u>sp</u>innt,
und <u>sch</u>iefe <u>Sch</u>eitel kämmt der Wind.

O Greule , Greule , wüste Greule !
Du bist verflucht, so sagt die Eule.
Der Sterne Licht am Mond zerbricht.
Doch dich zerbrach's noch immer nicht.

O Greule , Greule , wüste Greule !
Hört ihr den Ruf der Silbergäule?
Es schreit der <u>K</u>auz: <u>p</u>ardauz! <u>p</u>ardauz!
Da taut's, da graut's, da <u>br</u>aut's, da <u>bl</u>aut's!

Seite 33

4 a) *Folgende Wörter stehen im Original des Gedichts in den Lücken:*

… Haus
… zu entfernen
… umschreiben
… den Gedanken

b) Es handelt sich um einen umarmenden Reim: abba cddc.

c) Beim Metrum des Gedichts handelt es sich um einen Jambus: xx́ xx́.

Seite 34

1 Der Text informiert über die Frage, ob auch Tiere Muskelkater bekommen können.

2 Als Muskelkater bezeichnet man feine Risse in den Muskelfasern, die zu Schmerzen führen (Z. 5–6).

Seite 35

3 Ursache Z. 3–6; Entstehung Z. 7–19; Behandlung Z. 20 bis Ende

4 Muskelfasern sind Teile eines Muskels. Mehrere Bündel dieser Muskelfasern bilden den Muskel.

5 a) Im ersten Textabschnitt wird die Frage beantwortet, was die Ursache von Muskelkater ist.

Seite 33 – 3 a) (rechte Spalte oben)

3 a) *So könnte deine Lösung aussehen:*

muffige Maden, unglückliche Unke, verfressener Vogel, brummender Bär

b) *So könnte deine Lösung aussehen:*

gräuliches Gebäude, schaurige Taube, heulende Meute, traurige Maus, teurer Freund

b) und c)

Abs.	Frage	Antwort
1	Was ist die Ursache von Muskelkater?	→ feine Risse in den Muskelfasern
2	Warum haben Wildtiere keinen Muskelkater?	→ weil sie immer aktiv sind; ihre Muskeln sind trainiert
3	Haben Haustiere Muskelkater und woran erkennt man dies?	→ ja, wenn sie sich nicht so häufig bewegen → Anzeichen für Muskelkater: Jaulen oder Schmerzen bei Berührungen
4	Wie behandelt man Muskelkater?	→ mit Ruhe, warmen Bädern und Streichelmassagen

Seite 36

1 Fledermäuse senden Laute aus und fangen das Echo mit ihren Ohren wieder auf, ähnlich wie ein Radar.

2 Orientierung der Fledermäuse: Z. 1–6
Funktion des Radars: Z. 6–21
Aufgaben des Radars: Z. 21 bis Ende

3 Radar: Gerät, das elektromagnetische Wellen aussendet und wieder auffängt
elektromagnetisch: elektromagnetische Wellen sind Funkwellen
reflektieren: zurückwerfen, zurückstrahlen

Seite 37

4 a) und b)

Zeilen-angabe	Frage	Antwort
Absatz 1: Z. 1–6	Wie orientieren sich Fledermäuse?	messen Abstände zu Gegenständen durch Ausstoßen und Auffangen von Lauten (Echo)
Absatz 2: Z. 6–21	Wie funktioniert ein Radarsystem?	Messen von Abständen durch Aussenden und Auffangen von Funkwellen
Absatz 3: Z. 21–25	Wofür werden Radarsysteme genutzt?	Orientierung von Schiffen oder Flugzeugen bei schlechtem Wetter

5 1. Radarantenne sendet Strahl elektromagnetischer Wellen aus
2. Radar dreht sich im Kreis, sendet Wellen in alle Richtungen
3. Wellen werden beim Auftreffen auf einen Gegenstand zurückgeworfen
4. Antenne empfängt Wellen, Umriss des Gegenstandes erscheint auf Bildschirm
5. Berechung der Entfernung durch Dauer vom Aussenden bis zum Zurückkommen der Wellen

Seite 38

1 a) eine Sportart, ihrem Beruf, Schwimmerin, den zwei Jahren, einem Sportinternat, Mädchen, Jungen, ihren Sportarten, der Weltspitze, wenig Freizeit, dem täglichen Training, ihre Hausaufgaben, Fußballprofi, seiner Heimatstadt, der Nähe, anderen Nachwuchsspielern, seine Familie

b) *So könnte deine Lösung aussehen.*

	Maskulinum	Femininum	Neutrum
Singular	der Beruf der Fußballprofi	die Sportart die Heimatstadt	das Sportinternat das Training
Plural	die Jungen die Nachwuchsspieler	die Sportarten die Hausaufgaben	die Jahre die Mädchen

2 a) *So könnte deine Lösung aussehen:*

Achterbahntester, Geschenkaussucher, Profilangschläfer, Spickzettelschreiber

b) *So könnte deine Lösung aussehen:*

	Maskulinum Singular	Femininum Singular
Nominativ Wer oder was?	der Profiurlauber	die Gummibärchentesterin
Genitiv Wessen?	des Profiurlaubers	der Gummibärchentesterin
Dativ Wem?	dem Profiurlauber	der Gummibärchentesterin
Akkusativ Wen oder was?	den Profiurlauber	die Gummibärchentesterin

Seite 39

3 a) und b)

	Genus	**Numerus**	**Kasus**
A <u>Dem Zauberer</u> schaut das Publikum genau auf die Finger, um seine Tricks zu durchschauen.	Maskulinum	Singular	Dativ
B <u>Die Elefantentrainerinnen</u> bewundern die Leute, weil sie so selbstverständlich mit großen Tieren umgehen.	Femininum	Plural	Akkusativ
C <u>Die Primaballerina</u> muss sehr gelenkig sein.	Femininum	Singular	Nominativ
D Aufgabe <u>des Kapitäns</u> ist es, sich gut auf den Weltmeeren auszukennen.	Maskulinum	Singular	Genitiv

4 In **der** afghanischen Hauptstadt […] **eine** besondere Sportschule gegründet. Dafür sammelt er – Spenden in **der** ganzen Welt. Skateistan ist **eine** Skatehalle mit – Rampen und **einer** richtigen Halfpipe, wo **die/–** Kinder […]. Da es in Kabul […] regelmäßig in **die** Skatehalle. Es gibt allerdings **eine** Bedingung […]. Für jede Stunde Skaten in **der** Halle […]. Für viele Kinder, die nicht **die** Möglichkeit hatten, **eine/die** Schule zu besuchen, ist dies **die/ eine** Chance […]. Einige Kinder beherrschen **das** Skateboardfahren inzwischen so gut, dass sie **den/–** anderen Kindern – **/die** Tricks beibringen können. Es ist **ein** großer Erfolg, dass auch – Mädchen darunter sind. […] **Eine** Sportart auszuüben […]. Deshalb ist **ein** Mädchen auf **einem** Skateboard […].

Seite 40

Kinderzirkus zum Mitmachen

1 *Unterstrichen werden müssen:*

großes, bunte, tollpatschige, spektakuläre, fantasievolle, besondere, ungewöhnliches, schwierigen

2 a) und b)

Adjektive, die Nomen begleiten: russischen, problematischen, regelmäßige, neues, erstaunliche

Adjektive, die keine Nomen begleiten: arm, stolz

3 weltberühmten Zirkus; besten Artisten; lustigere Clowns; gefährlichere Raubtiere; geschicktere Jongleure; größte Elefant; stärksten Mann; hoch; spektakulärste Akrobatik

Seite 41

4 a) und b) *So könnte deine Lösung aussehen:*

August ist <u>kleiner</u> als Carlo, aber <u>größer</u> als Beppo, denn Beppo ist der kleinste Clown. August ist außerdem <u>dicker</u> und <u>kräftiger</u> als Carlo und als Beppo. Beppo ist <u>jünger</u> und wirkt viel <u>zierlicher</u> als die anderen Clowns. Augusts Kleider sind <u>am buntesten</u>: Er trägt <u>gelbe</u> Hosenträger, eine <u>bunte</u> Fliege und eine <u>gemusterte</u> Hose. Seine Kleider wirken <u>lustiger</u> als Carlos Kostüm, das weitaus <u>kostbarer</u> und <u>eleganter</u> aussieht als die Kleider der anderen Clowns. Je <u>kleiner</u> der Clown ist, desto <u>größer</u> sind seine Schuhe: Beppo trägt die <u>größten</u> Schuhe, obwohl er <u>am kleinsten</u> ist. Carlos Gesicht ist <u>weiß</u> geschminkt, während Beppos Nase ebenso <u>rot</u> ist wie Augusts Nase. Beppo wirkt genauso <u>fröhlich</u> und <u>freundlich</u> wie August, während Carlo einen <u>traurigen</u> und <u>melancholischen</u> Eindruck erweckt. Er ist viel <u>ernsthafter</u> als die anderen.

Seite 42

1 a), b) und c)

Tom Sawyer und Huckleberry Finn heißen die Hauptfiguren aus einem bekannten Jugendbuch. Es (← das Jugendbuch) wurde schon mehrmals verfilmt – zuletzt 2011. Doch wer steckt eigentlich hinter <u>den Figuren</u>? In diesem Fall sind es <u>Leon Seidel und Louis Hofmann</u>. **Sie** (← Leon und Louis) wurden als <u>Kinderschauspieler</u> bekannt. <u>Leon</u> stand bereits mit 11 Jahren zum ersten Mal vor der Kamera. Heute ist **er** (← Leon) ein echter Profi, weil **er** (← Leon) schon in vielen Film- und Fernsehproduktionen mitgespielt hat.

2 Die Arbeit beim Film macht **den Kindern** meist Spaß – einige Nachteile hat sie jedoch: Sie ruft bei **Gleichaltrigen** oft Neid hervor. Außerdem ist es schwer, wenn der **Schulalltag** nach der aufregenden Drehzeit wieder anfängt. Er ist eben viel weniger aufregend.

Teste dich! Wortarten unterscheiden

1 – Ich bezeichne Lebewesen …   Nomen
  – Ich gehöre zu den Begleitwörtern …   Artikel
  – Ich kann für ein Nomen stehen …   Personalpronomen
  – Mich kann man steigern …   Adjektiv

2 *Markierungen: Nomen, Artikel, Personalpronomen, Adjektiv*

Tim jongliert in der Fußgängerzone mit bunten Bällen.
Ein älterer Herr lobt ihn: „Du könntest in den Zirkus gehen!"

Seite 43

1

Infinitiv	Präsens	Präteritum	Partizip II
gewinnen	du gewinnst	sie gewann	gewonnen
werfen	du wirfst	sie warf	geworfen
sprechen	du sprichst	sie sprach	gesprochen
laufen	du läufst	sie lief	gelaufen
treffen	du triffst	sie traf	getroffen
springen	du springst	sie sprang	gesprungen

2 Jemma und Sarah: „Wir fanden es 2010 besonders schön, so viele Jugendliche aus aller Welt zu treffen."

Jun: „Ich war überglücklich, denn ich hatte das Match tatsächlich gewonnen!"

Sören: „Ich habe mit vielen anderen Sportlern gesprochen und einiges über ihre Länder in Erfahrung gebracht."

3

Singular	Plural
Ich springe am höchsten. **(Präsens)** Ich lief am schnellsten. **(Präteritum)** Ich habe am weitesten geworfen. **(Perfekt)**	**Wir** springen am höchsten. Wir liefen am schnellsten. Wir haben am weitesten geworfen.
Du springst am höchsten. Du liefst am schnellsten. Du hast am weitesten geworfen.	**Ihr** springt am höchsten. Ihr lieft am schnellsten. Ihr habt am weitesten geworfen.
Er/Sie springt am höchsten. Er/Sie lief am schnellsten. Er/Sie hat am weitesten geworfen.	**Sie** springen am höchsten. Sie liefen am schnellsten. Sie haben am weitesten geworfen.

Seite 44

1 Bei starken Verben ändert sich im **Präteritum** der Vokal im Wortstamm.
Das **Plusquamperfekt** wird aus dem **Präteritum** von *haben* oder *sein (hatte, war)* und dem **Partizip II** des Verbs gebildet.

2 war; aufbrach; hatte ... konzentriert; vorbereitet hatte; geschwommen war; fuhr; geschafft hatte; lief; erfahren hatte; war

Seite 45

3 a) und b) *So könnte deine Lösung aussehen:*
– Bevor Anne für den Dressurwettbewerb trainierte, hatte sie ihr Pferd gesattelt.
– Nachdem Verena und Heiko sich warmgelaufen hatten, übten sie Sprünge auf dem Eis.
– Bevor Thomas zehnmal hintereinander den Korb traf, hatte er den ganzen Tag die richtige Wurftechnik geübt.
– Nachdem Lena den ganzen Sommer über im Freibad trainiert hatte, siegte sie im Schwimmwettkampf der Schule.

4 a) *Markierungen: Präteritum, Plusquamperfekt*

gefrühstückt hatte; fuhr; angekommen war; fuhr ... los; war ... aufgestanden; ankam; hatte ... unterhalten; angekommen war; angekommen waren; liefen

b)

Zeit	Philipp	Lisa	Dominik
8:30	**frühstücken**	**aufstehen**	zum Sportplatz fahren
9:15	zum Sportplatz fahren	frühstücken	**am Sportplatz ankommen**
9:35	**mit Dominik unterhalten**	**losfahren**	mit Philipp unterhalten
9:50	**drei Runden um den Sportplatz laufen**	**drei Runden um den Sportplatz laufen**	drei Runden um den Sportplatz laufen

5 *So könnte deine Lösung aussehen:*
A Nachdem Dominik aufgestanden war, fuhr er zum Sportplatz.
B Bevor Dominik sich mit Philipp unterhielt, hatte er ein Brötchen gegessen.
C Nachdem Lisa gefrühstückt hatte, fuhr sie los.
D Als Philipp, Lisa und Dominik angekommen waren, liefen sie drei Runden um den Sportplatz.

Seite 46

1 Das **Präsens** wird aus dem Wortstamm und der Personalendung gebildet.
Das **Perfekt** wird aus dem **Präsens** von *haben* oder *sein* und dem **Partizip II** gebildet.
Das **Futur** wird aus dem **Präsens** von *werden* und dem **Infinitiv** des Verbs gebildet.

2

Mia ist ... 30 Bahnen geschwommen, durch den Wald gelaufen, Seil gesprungen, Fahrrad gefahren	Nils hat ... geschlafen, gefrühstückt, gelesen, Musik gehört

3 *So könnte deine Lösung aussehen:*

Ich **habe** eine Geschichte **geschrieben**.

Ich **habe** viel mit meinem Bruder **gespielt**.

Ich **habe** meine Freunde nach Hause **eingeladen**.

Ich **bin** ins Kindertheater **gegangen**.

Ich **bin** auf Bäume **geklettert**.

4 Präsens: besuchen, beherrschen, veranstaltet, versucht

Perfekt: haben … erzielt; sind … angereist

Futur: werden … finden

Seite 47

5 A Ilka: „Seht mal! Da liegt Jabalis' Rucksack im
Papierkorb.   Präsens
Bestimmt hat den jemand gestohlen."   Perfekt
B Linh: „Oh nein! Ilkas Badeanzug ist weg!   Präsens
Sie wird nicht schwimmen können."   Futur
C Jabali: „Der Täter wird uns sicher noch weitere
Streiche spielen.   Futur
Wir müssen ihn davon abhalten."   Präsens
D Lennart: „Ich werde den Direktor informieren. Futur
Er sitzt im Moment dort drüben auf der Tribüne." Präsens
E Der Direktor: „Ich gratuliere euch!   Präsens
Ihr habt den Täter geschnappt."   Perfekt

Teste dich! Die Tempusformen des Verbs richtig verwenden

war; hatte … diskutiert; muss; vergeben; wird; habe … verbessert;
wird … teilnehmen

Seite 48

1 a), b) und c)

Einige Fernsehsender | bieten | Kindernachrichtensendungen | an.

Vorfeld	linke Satz-klammer	Mittelfeld	rechte Satz-klammer
Kindernachrich-tensendungen	bieten	einige Fernseh-sender	an.

An der Nachrichtensendung | nehmen | manchmal | auch
Kinderreporter | teil.

Vorfeld	linke Satz-klammer	Mittelfeld	rechte Satz-klammer
Auch Kinder-reporter	nehmen	manchmal an der Nachrichtensen-dung	teil.
Manchmal	nehmen	auch Kinderrepor-ter an der Nach-richtensendung	teil.

Auch einige Themen | wählen | Kinderreporter | für die Sendung
aus.

Vorfeld	linke Satz-klammer	Mittelfeld	rechte Satz-klammer
Für die Sendung	wählen	Kinderreporter auch einige Themen	aus.
Kinder-reporter	wählen	auch einige Themen für die Sendung	aus.

2 a) und b)

A Viele Kinder | schauen | die Kindernachrichtensendung
„logo!" | an.

Vorfeld	linke Satz-klammer	Mittelfeld	rechte Satz-klammer
Die Kindernachrich-tensendung „logo!"	schauen	viele Kinder	an.

B In der Regel | spricht | die Sendung „logo!"
Kinder zwischen 9 und 11 Jahren | an.

Vorfeld	linke Satz-klammer	Mittelfeld	rechte Satz-klammer
Die Sendung „logo!"	spricht	in der Regel Kinder zwischen 9 und 11 Jahren	an.
In der Regel	spricht	die Sendung „logo!" Kinder zwischen 9 und 11 Jahren	an.
Kinder zwischen 9 und 11 Jahren	spricht	die Sendung „logo!" in der Regel	an.

Seite 49

1

Die Moderatorinnen und Moderatoren erklären seit über 25 Jahren bei „logo!" ihren Zuschauern die Nachrichten.	→ Wer oder was erklärt bei „logo!" die Nachrichten?
Manchmal werden auch schwierige Meldungen, wie z. B. ein Amoklauf an einer Schule, thematisiert.	→ Wer oder was wird themati-siert?

Nach solchen Nachrichten bekommt <u>die Redaktion</u> immer	→ <u>Wer oder was</u> bekommt immer zahlreiche Mails und Anrufe?
Doch <u>diese „Erwachsenen-themen"</u> werden auch in den Kindernachrichten ernst genommen und thematisiert.	→ <u>Wer oder was</u> wird ernst genommen und thematisiert?
Mit „Hallo bei logo!" eröffnet <u>der Nachrichtensprecher</u> jede „logo!"-Sendung im ZDF.	→ <u>Wer oder was</u> eröffnet jede „logo!"-Sendung?

1 a) und b) (unten)
Markierungen: <u>Dativobjekt</u>, <u>Akkusativobjekt</u>

Er hilft <u>seiner Oma</u>.	→ <u>Wem</u> hilft er?	→ <u>seiner Oma</u>
Sie befragt <u>ihre Mitschüler</u>.	→ <u>Wen</u> befragt sie?	→ <u>ihre Mitschüler</u>
Sie begrüßen <u>ihren neuen Klassen-kameraden</u>.	→ <u>Wen</u> begrüßen sie?	→ <u>ihren neuen Klassenkameraden</u>
Das Tier gehört <u>Herrn Meier</u>.	→ <u>Wem</u> gehört das Tier?	→ <u>Herrn Meier</u>
Viele Menschen begleiten <u>das Mädchen</u> heute.	→ <u>Wen</u> begleiten viele Menschen?	→ <u>sie</u>
Der Richter glaubt <u>dem Angeklagten</u>.	→ <u>Wem</u> glaubt der Richter?	→ <u>dem Angeklagten</u>
Er gratuliert <u>ihr</u> zum Geburtstag.	→ <u>Wem</u> gratuliert er zum Geburtstag?	→ <u>ihr</u>

Seite 50

2 *Markierungen:* <u>Dativobjekte</u>, <u>Akkusativobjekte</u>

In der Rubrik „Redezeit" können Zuschauer <u>den Redakteuren</u> <u>neue Themen</u> vorschlagen.

Frageprobe:
– <u>Wem</u> können Zuschauer neue Themen vorschlagen?   <u>den Redakteuren</u>
– <u>Wen oder was</u> können Zuschauer neue Themen vorschlagen?   <u>neue Themen</u>

Die „logo!"-Reporter stellen dann <u>den Politikern</u> <u>Fragen</u>.

Frageprobe:
– <u>Wem</u> stellen die „logo!"-Reporter Fragen?   <u>den Politikern</u>
– <u>Wen oder was</u> stellen die „logo!"-Reporter den Politikern?   <u>Fragen</u>

3 a) und b)

Beispielsatz	Frage	Art des Objekts
Ich erkenne <u>meine beste Freundin</u> sofort wieder.	<u>Wen?</u>	<u>Akkusativobjekt</u>
Die Klasse gratuliert <u>der Lehrerin</u>.	<u>Wem?</u>	Dativobjekt
Ich helfe <u>meiner Oma</u>.	<u>Wem?</u>	Dativobjekt
Der Polizist befragt <u>einen Verdächtigen</u>.	<u>Wen?</u>	Akkusativobjekt
Moni hat <u>ihre Schwester</u> begrüßt.	<u>Wen?</u>	Akkusativobjekt
Das Buch gehört <u>meinem Bruder</u>.	<u>Wem?</u>	Dativobjekt
Meine Schwester begleitet <u>mich</u>.	<u>Wen?</u>	Akkusativobjekt
Ich glaube <u>dir</u> nicht.	<u>Wem?</u>	Dativobjekt

4 Dativobjekt: gratulieren, helfen, gehören, glauben
neu: gefallen, ähneln, fehlen

Akkusativobjekt: erkennen, befragen, begrüßen, begleiten
neu: lieben, sehen, nennen

Seite 51

1 Adverbiale Bestimmung **des Ortes:** Wo? Woher? Wohin?
Adverbiale Bestimmung **der Zeit:** Wie lange? Wann?
Adverbiale Bestimmung **der Art und Weise:** Wie? Womit?
Adverbiale Bestimmung **des Grundes:** Weshalb? Warum? Weswegen?

2 a) und b)

	Frage	Adverbiale Bestimmung
Mit großem Engagement …	Wie?	der Art und Weise
Zweimal im Jahr …	Wann?	der Zeit
Wegen ihres frechen Fragestils …	Warum?	des Grundes
… in Berlin …	Wo?	des Ortes

3 *So könnte deine Lösung aussehen:*

Wegen der Aufzeichnungen verpassen die Kinderreporter teilweise **in der Schule** Unterrichtszeit.
Die Berichte werden **abends im Fernsehen** ausgestrahlt.
Von zu Hause aus verfolgen die Zuschauer **aufmerksam** die Sendung.

Seite 52

4 Seit 1998 gibt es die Kinderreporter **in der ARD**. Die interessierten Kinder wurden **in drei Auswahlrunden** befragt. Man sollte als Reporter **selbstbewusst** auftreten, wenn man z.B. bekannte Politiker befragt. Außerdem sollte man mehr als eine Sprache **mündlich fließend** beherrschen, gute Schulnoten haben und auch sonst nicht auf den Mund gefallen sein. Aber auch wenn mal etwas **nicht so wie geplant** abläuft, ist das kein Weltuntergang. Die Kinderreporter berichten nicht **live**, sodass ein Take wiederholt werden kann.

Teste dich! Satzglieder unterscheiden

1 *Markierungen: Subjekt, Dativobjekt, Akkusativobjekt*
Der Besuch in einem Mitmachmuseum verlangt den Gästen Eigeninitiative ab.
In der Regel finden Kinder und Jugendliche solche Museen aber besonders interessant.
Manchmal erklären die Museumspädagogen den Besuchern einige Ausstellungsgegenstände.
Auch viele andere Museen haben inzwischen ein Kinderprogramm.
Sie veranstalten verschiedene Workshops.
Das Legen von Mosaiken oder der Bau eigener Instrumente ist besonders spannend.

2 *Markierungen: Adverbiale Bestimmung des Ortes, der Zeit, der Art und Weise*
In der Museumsdruckerei kann man z.B. mit alten Bleilettern unter Anleitung selbst drucken.
Auch ein historischer Seifenladen ist dort vorhanden.
Hier kann man an manchen Tagen in besonderen Workshops sogar Seife herstellen.

Seite 53

1 a), b) und c)

Markierungen: Konjunktionen, finite Verbform, Nebensatz

A Greg ist die Hauptfigur aus dem Kinderbuchklassiker „Gregs Tagebuch".
B Er hat in seinem Leben schon viel Unsinn gemacht, obwohl er erst 11 Jahre alt ist.
C Da er so viel angestellt hat, hat ihm seine Mutter ein Tagebuch zum Eintragen seiner Schandtaten gekauft.
D Greg ist davon nicht begeistert, weil Tagebuchschreiben seiner Meinung nach etwas für Mädchen ist.
E Außerdem ist er der Meinung, dass er mit seinen 11 Jahren auch noch viel zu jung dafür ist.

Satzbauplan	Beispiel
____Hauptsatz____	A
____Hauptsatz____, ____Nebensatz____.	B, D, E
____Hauptsatz____. ____Nebensatz____,	C

2 a) und b)

Satz	Satzbauplan
A Greg Heffrey besucht zum neuen Schuljahr die Junior Highschool.	____Hauptsatz____.
B Er lernt dort gleich am ersten Tag das „Coolsein", damit er den Mädchen imponieren kann.	____Hauptsatz____, ____Nebensatz____.
C Gregs bester Freund Rubert ist ihm dabei aber keine große Hilfe, weil er manchmal etwas kindisch ist.	____Hauptsatz____, ____Nebensatz____.
D Wenn Greg nicht in der Schule ist, spielt er gerne Videospiele.	____Nebensatz____, ____Hauptsatz____.
E Er notiert alles Wichtige und Nervige in seinem Tagebuch.	____Hauptsatz____.

Satz	Satzbauplan
F Als Greg einmal seinen Opa im Altenheim besuchte, benutzte er aus Versehen das Damen-klo.	＿＿＿Hauptsatz＿＿＿. ～～Nebensatz～～,
G Als die Bewohne-rinnen das bemerk-ten, gab es für Greg Ärger.	＿＿＿Hauptsatz＿＿＿. ～～Nebensatz～～,

Seite 54

3 a) und b)

Haupt-satz	Greg Heffrey fällt überall auf,	weil er mit seinem Freund Rupert viel Unsinn macht.	**Neben-satz**
Neben-satz	Weil Greg und Ru-pert keine Lust auf den Sportunterricht haben,	verstecken sie sich.	**Haupt-satz**
Neben-satz	Als Greg die Kinder-gartenkinder nach Hause begleitet,	passiert ihm ein Missgeschick.	**Haupt-satz**

4 A Heute Morgen kam Greg zu spät zur Schule, **weil** er die Bahn verpasst hatte.

  B Die Bahn ist einfach losgefahren, **obwohl** sich Rupert noch in die Tür gestellt hatte.

  C **Nachdem** Greg den ganzen Weg gelaufen war, war er total außer Atem.

  D **Dass** Greg die Fehler immer bei den anderen sieht, ist typisch für ihn.

Seite 55

5 Der Verfasser von Gregs Tagebuch – Jeff Kinney – ist inzwischen ein gefeierter Autor, obwohl er eigentlich Entwickler für Online-spiele ist. Weil er erst nicht an seinen Erfolg glaubte, veröffentlich-te er den ersten Band zunächst auf einer Online-Plattform. Dort wurde er dann von Verlagen entdeckt, die immer auf der Suche nach guten Texten sind. Da schon der erste Band von „Gregs Tage-

buch" bei den jugendlichen Leserinnen und Lesern ein großer Er-folg war, gibt es inzwischen noch zahlreiche weitere Bände. Viele Kinder und Jugendliche verschlingen die Bücher förmlich, weil sie so begeistert von Gregs Erlebnissen sind. Sogar Lesemuffeln gefal-len die Geschichten, da ihnen die Mischung von Comics und Text gefällt.

Teste dich! Haupt- und Nebensätze unterscheiden und Kommas richtig setzen

1 a), b) und c)

Wenn du die Reisestation Schweiz im Klimahaus Bremerhaven besuchst, lernst du dort die Aus-wirkungen des Klimawandels kennen.	Nebensatz + Hauptsatz
Die Reisestation Niger wird dort im Klimahaus dauernd auf 35 Grad erwärmt.	Hauptsatz
In der Fläche zur Antarktis ist es jedoch mit minus 6 Grad Celsius immer recht kühl.	Hauptsatz
Spannend ist auch die Reise nach Samoa darge-stellt, weil man hier ein gezüchtetes Riff aus leben-den Korallen sehen kann.	Hauptsatz + Nebensatz

2 a) und b)

Aufregend ist auch die Ausstellungsfläche zum Thema „Chancen", weil du hier mithilfe deiner Eintrittskarte ein Klimakonto eröffnen kannst. Du erhältst dort z. B. in einem virtuellen Supermarkt viele wichtige Informationen zum Thema „Einkaufen", damit die Umwelt durch die Auswahl deiner Lebensmittel nicht zu stark belastet wird. Wenn du außerdem einen benzinsparenden Fahrsimulator auspro-bieren willst, bist du in Bremerhaven auf jeden Fall am richtigen Ort. Falls du an der Nordsee im Urlaub bist, kannst du diesen ja vielleicht mit einem Besuch des Klimahauses verbinden.

Seite 56

Drei Chinesen

1 a)

Drei| Chi| ne| sen mit dem Kon| tra| bass

sa| ßen auf der Stra| ße und er| zähl| ten sich was.

Da kam die Po| li| zei: Ei, was ist denn das?

Drei Chi| ne| sen mit dem Kon| tra| bass.

b) *So könnte deine Lösung aussehen:*
Dre Che-ne-sen met dem Ken-tre-bess
su-ßen uf dur Stru-ßu und ur-zuhl-tun such wus.
Da kam da Pa-la-za: A, was ast dann das?
Dro Cho-no-son mot dom Kon-tro-boss.

2 fín-den; méh-lig, be-schúl-di-gen, Frém-de, Bű-cher, schűt-zen, viế-le, bít-ter, ge-wế-sen, frű-her, spä-ter, Pfő-ten, sá-gen, rế-den, pfeí-fen, É-sel, trín-ken, ḗs-sen, Bế-sen, wán-dern, Há-se, schímp-fen

Seite 57

1 a) und b)

Der Vokal wird lang gesprochen. Die betonte Silbe endet mit einem Vokalbuchstaben.		Der Vokal wird kurz gesprochen. Die betonte Silbe endet mit einem Konsonanten.	
die Fa-bel, wir ka-men, die Ro-be, die He-fe, die Sta-re, die Stie-le, die Ro-sen	der Bo-gen, der O-fen, die Hö-fe, der Ra-sen, Stru-del, ho-len	die Far-be, die Kam-mer, die Rob-be, die Hef-te, star-ren, die Stil-le, ros-ten	bor-gen, of-fen, hof-fen, ras-seln, die Stun-de, hol-pern

2 a) und b)

We-ge	Ge-he-ge	Ge-le-ge	fe-ge	lang/ offen	kurz/ geschlossen
trin-ken	win-ken	sin-ken	lin-ken		x
lo-ben	to-ben	Klo-ben	ho-ben	x	
Ho-sen	Ro-sen	to-sen	lo-sen	x	
Wol-le	tol-le	vol-le	Jol-le		x

Seite 58

1 In den meisten Wörtern mit kurz gesprochenem Stammvokal stehen an der Silbengrenze mindestens **zwei Konsonanten**, z. B. *Wim-pel, Kun-de*. In manchen Wörtern mit kurz gesprochenem Stammvokal spricht und hört man aber nur einen Konsonanten. In diesem Fall wird dieser Konsonant **verdoppelt**, z. B. mur-ren, ren-nen.

2 *So könnte deine Lösung aussehen:*

rr →plär-ren, mur-ren, zer-ren, star-ren, kar-ren, knur-ren	**ff** →schaf-fen, raf-fen, zof-fen, of-fen, Kof-fer
mm →Him-mel, Zim-mer, schlim-mer, Kam-mer, Jam-mer, Trom-mel	**pp** →stop-pen, kip-pen, Kap-pe, tip-pen, Trep-pe
nn →Tun-nel, Kan-ne, Tan-ne, Ton-ne, Son-ne, Pen-ner	**tt** →bit-ter, Schnit-te, Plat-te, Mat-te, Ket-te, klet-tern
ll →Tel-ler, schnel-ler, Kel-ler, tol-ler, Fel-le, Kel-le	**ss** →Tas-se, Mas-se, Es-sen, ver-ges-sen, Kis-sen, küs-sen

3 Tren-nung, grin-sen, Wän-de, Sin-ne, kan-tig, ren-nen Zim-mer, zim-perlich, Hem-den, kom-men, Flam-me, Pum-pe Zel-len, Zel-te, Wol-ke, fal-ten, fal-len, schmol-len zap-peln, Pap-pel, stop-fen, klap-pern, trip-peln, Köp-fe klir-ren, wer-ben, Gar-ten, schar-ren, zor-nig, sur-ren schuf-ten, Waf-feln, Stof-fe, Lif-te, Löf-fel, Kaf-fee Bet-ten, But-ter, Schnit-te, bit-ter, ret-ten

Seite 59

4 die Kra**ft** (Kräf-te)

sie tri**fft** (tref-fen)

es begi**nn**t (begin-nen)

stu**mm** (stum-mer)

du ste**ll**st (stel-len)

es sti**mm**t (stim-men)

fre**md** (frem-de)

es ha**llt** (hal-len)

Ha**lt**! (hal-ten)

es pa**ss**t (pas-sen)

5 Stoff (Stof-fe) + Fülle → Sto**fff**ülle

voll (vol-ler) + laufen → vo**lll**aufen

Brenn (bren-nen) + Nessel → Bre**nnn**essel

Seite 60

1 zerfitzeln, sitzen, schlitzen, schwitzen, schnitzen, ritzen *fünf weitere Verben:* zerfetzen, wetzen, verletzen, flitzen, schmatzen

2 Fritz und Franz si**tz**en in der Schule auf benachbarten Plä**tz**en. Fritz schneidet Fra**tz**en, Franz macht Wi**tz**e über die Gla**tz**e ihres Lehrers. Ein Mitschüler verpe**tz**t (wegen: verpe**t-z**en) sie und sie müssen am Nachmittag ihre Klasse pu**tz**en, statt bol**z**en zu gehen. Das schmer**z**t (wegen: schmer-**z**en)! Da nach kurzer Zeit alles glän**z**t (wegen: glän-**z**en), beweist der Lehrer, dass er ein gutes Her**z** (wegen: Her-**z**en) hat, und die beiden dürfen nach Hause fli**tz**en.

3 *So könnte deine Lösung aussehen:*
Socken: trocken, Flocken
wecken: Schnecken, Flecken
Frack: Sack, Lack
glücken: schmücken, entzücken

4 So-cken, tro-cken, Flo-cken, we-cken, Schne-cken, Fle-cken, glü-cken, schmü-cken, ent-zü-cken

Seite 61

5 Silbenprobe	Verlängerungsprobe
wek-ken, trun-ken, wank-te, ge-mol-ken, stin-ken-de, drek-ki-ge, rak-ker-ten, hak-ken, Trok-ken-heit, Trek-ker-fahr-ten, len-ken, zuk-kel-te, Tuk-kern, Ak-ker, selbst-ge-bak-ke-ne, Zuk-ker-ku-chen, tor-kel-te	Frühstück (frühstük-ken), Stecklinge (stek-ken), hackten (hak-ken), harkten (har-ken), pflückten (pflük-ken), blickte (blik-ken), Bock (Bök-ke), schmeckte (schmek-ken), sackte (sak-ken)

6 wa-schen, wö-chent-lich, ko-chen, fla-cher, fi-schen, ma-chen, la-chen, du-schen, die Fla-sche, die Ta-sche, der Ku-chen, der Kno-chen

Teste dich! Nach kurzem Vokal richtig schreiben

geheimnisvollen, Hexentanzplatz, kommen, allen, Himmelsrichtungen, zusammen, Röcken, Herrn, küsst, bekommt, Zauberkräfte, beginnt, Sommer, finsteren, Gestalten, müssen, Morgengrauen, verschwunden

Seite 62

1 a)

Wörter ohne Dehnungs-h	Wörter mit Dehnungs-h
der Bo-gen, die Lo-se, fe-gen, ha-ben, die Hö-fe, das Le-ben, die Na-sen, die Bä-der, der Schwe-fel, hä-keln, ru-fen, die Scha-fe, to-ben, der Mu-ti-ge, die Mö-we, du-zen	prah-len, die Sah-ne, zäh-men, die Eh-re, die Leh-ne, die Stäh-le, ent-beh-ren, die Mäh-ne, der Kahn, die Zah-len, die Ge-bühr, die Pfäh-le, Fah-rer, die Hüh-ner, die Mäh-ler, lah-men

b) Das Dehnungs-h steht nur (aber nicht immer) vor den Konsonanten l, m, n, r.

2 *So könnte deine Lösung lauten:*

Schal, Schule, schwer, Qual, quälen, Tal, Tore, Ton, Kran, tragen, Krug

3 *So könnte deine Lösung lauten:*

Kö-nig, grö-len, Krä-ne, ma-len, Po-re, Sa-men, stö-ren, Za-ren, Plä-ne, Tü-ren, wer

Seite 63

4 Bei Wörtern mit silbentrennendem h ist das h beim Sprechen hörbar.

5 spä-hen, zie-hen, flie-hen, sie flo-hen, die Flö-he, lei-hen, dro-hen, Tru-he

6 lahm – sie sieht – der Lehrer – die Sehnsucht	**Kuckucksei: sieht (se-hen)** aber: Leh-rer, Lah-me, Sehn-sucht
früh – das Jahr – fühlen – kühl	**Kuckucksei: früh (frü-her)** aber: die Jah-re, füh-len, küh-ler
die Kühe – er mäht – verdreht – es fehlt	**Kuckucksei: fehlt (feh-len)** aber: die Kü-he, mä-hen, verdre-hen
Ruh dich aus! – Sieh da! – berühren – die Beziehung	**Kuckucksei: berührt (be-rüh-ren)** aber: ru-hen, se-hen, Be-zie-hung

7 Bei der Zerlegung in Silben steht das silbentrennende h **hinter dem Trennungsstrich**.

Bei der Zerlegung in Silben steht das stumme Dehnungs-h **vor dem Trennungsstrich**.

Seite 64

1 a)
ie: Wiesel, Kiesel, Bachgeriesel, verriet, raffiniert, Tier
ih: ihr
i: mir

b) *So könnte deine Lösung aussehen:*
ie: vermiesen, rieseln, abschießen, Verließ
ih: ihm, ihn, ihnen
i: dir, Maschine, Klima, Tiger, Igel, Biber

2 *So könnte deine Lösung aussehen:*
→ s. Tabelle unten

Tabelle zu Seite 64, Aufgabe 2

Stier	verlieren	fies	Gier	Lieder	Wiesen	viel	Wiege
Ziege	spazieren	mies	Tier	bieder	niesen	Ziel	Siege
Biene	verzieren	Kies	Bier	nieder	Riesen	Kiel	Liege
Fliege	schmieren	dies	vier	wieder	diesen	Spiel	Biege
	probieren		Zier				

Seite 65

3 rasieren, ausradieren, gratuliere, pausieren, trainieren, musiziere, pariert

4 1 Tiger, 2 Igel, 3 Biber, 4 Nil, 5 Prise, 6 widerlich, 7 mir, 8 dir, 9 wir, 10 Bison, 11 Mine, 12 Stil, 13 Lid, 14 Liter, 15 Brise

5 1 Margarine, 2 Lawine, 3 Turbine, 4 Gardine, 5 Kabine, 6 Kantine, 7 Rosine, 8 Maschine, 9 Mandarine, 10 Apfelsine, 10 Violine, 11 Sardine, 12 Praline

Seite 66

1 Aale, Teer, Idee, -waage, Moos, Haar, Klee, Fee, leer

2 *So könnte deine Lösung aussehen:*

der Speisesaal, der Staatsmann, der Paarlauf, das Blumenbeet, die Meeresenge, der Schneemann, die Seelenruhe, das Teeblatt, der Kaffeesatz, das Hausboot, das Moorhuhn, der Zoodirektor

3 Hör **zu**:
Das U ist manchmal **kurz**
Wie ein **Furz**.
Manchmal aber **sehnt** es sich,
dann **dehnt** es sich.
Dann passt ihm kein **Schuh**
Und es gibt keine **Ruh**
Und brüllt **Muh** mit der **Kuh**.

Dah **sprach** der **Aal** im **Futteral**:
Der **Saal** ist **kahl**.
Zum letzten **Mal** grüß ich im **Tal**
Den **Pfahl**
Aus **Stahl**.

Seite 67

Teste dich! Lang gesprochene Vokale richtig schreiben

1 holen, tragen, leben, schweben, schaden, wo**h**nen, fü**h**ren, quälen, heben, haben, schlafen, o**h**ne, me**h**r, schwer

2 Liebe, ihr, Biene, Tiger, ihm, Margarine, ihn, Schiene, Igel, schief, Tier, mir, Maschine

3 Dunkel wars, der M**o**nd sch**ie**n helle, / Schn**ee** lag auf der grünen Fl**u**r, / als ein W**a**gen blitzeschnelle / langs**a**m um die Ecke f**uh**r. / Drinnen s**a**ßen st**eh**end Leute, / schweigend ins Gespräch vert**ie**ft, / als ein t**o**tgeschossner H**a**se / auf der W**ie**se Schlittsch**uh** l**ie**f. / Und auf einer r**o**ten Bank, / die blau angestrichen w**a**r, / s**a**ß ein blond gelockter Jüngling / mit k**oh**lr**a**benschwarzem H**aa**r.

Neben **ih**m 'ne alte Schachtel, / zählte kaum erst sechz**eh**n J**ah**r / und aß eine Butterstulle, / die mit Schmalz bestrichen w**a**r. / Dr**ü**ben auf dem Apfelbaume, / der s**eh**r süße Birnen tr**u**g, / hing des Fr**üh**lings letzte Pflaume / und an Nüssen noch genug.

Seite 68

1 **weicher, stimmhafter s-Laut:**
ei-sig, Grei-se, die Na-se, ein Be-sen, eine Ro-se, bö-se, rei-sen, nie-seln, ra-sen, moo-sig, sau-sen, lo-sen, der Kä-se

harter, stimmloser s-**Laut:**
bei-ßen, bü-ßen, flie-ßen, die Stra-ße, rei-ßen, au-ßen, die Grü-ße, ru-ßig, die Fü-ße, grö-ßer, die Flö-ße

2 Grä-ser→**Gras**, flei-ßig→**Fleiß**, Prei-se→**Preis**, zusammensto-ßen→**Zusammenstoß**, bla-sen→**Blaskapelle**, nie-sen→**niest**, schie-ßen→**schießt**, Glä-ser→**glasklar**, Beweise→**Beweis**, le-sen→**lies**, hei-ßer→**heiß**, wei-ßer→**weiß**, Spä-ße→**Spaß**

Seite 69

1 Was-ser, Tas-sen, las-sen, Kis-sen, Wis-sen, Rüs-sel, Schüs-sel, Was-ser, Mas-sen, las-sen

2 Das Doppel-s steht, wenn man nach einem kurz gesprochenen betonten Vokal nur s hört.

3 *So könnte deine Lösung aussehen:*
Asse: Masse, Klasse, Passe, Tasse
Nessel: Fessel, Sessel, Kessel
Stuss: muss, Nuss, Genuss, Kuss, Verdruss

Seite 70

1 **langer Vokal (offene Silbe):** Flöße; Grüße; Größe; Schöße; rußig; Straße; Soße; dreißig

kurzer Vokal (geschlossene Silbe): Güs-se; Küs-se; Flüs-se; Rös-ser; Schlös-ser; Es-sig; rus-sisch; läs-sig; Gas-se; Nüs-se

2 Flüs-se + -lauf → Flusslauf
Es-sen + -bar → essbar
Bäs-se + -geige → Bassgeige
Fäs-ser + -brause → Fassbrause
Gebis-se + -reiniger → Gebissreiniger
Grü-ße + -botschaft → Grußbotschaft
pas-sen + genau → passgenau
Nüs-se + -knacker → Nussknacker
Gie-ßen + -kanne → Gießkanne

Seite 71

1 wüsste (wis-sen), Wüste (Wüs-te), küsste (küs-sen), Küste (Küs-te), Verlust (Merkwort), bewusst (wis-sen), Mist (Merkwort), vermisst (vermis-sen), fast (Merkwort), gefasst (fas-sen), erlasst (erlas-sen), Last (Las-ten)

2 Verzeichnis→Verzeichnisse; Bündnis→Bündnisse; Gefängnis→Gefängnisse; Ereignis→Ereignisse; Kenntnis→Kenntnisse

Teste dich! s-Laute richtig schreiben

heißen, August, meisten, draußen, Große, Nass, Reißaus, aus, besten, Gewässer, Flüsse, Spaß, anschließend, lässt, isst, genüsslich, Eis, Fußball, dreiste, schießt, Windstößen, verlässt, rast, gießt

Seite 72

1 Liebe Frau Baumann,

hier in der neuen Schule geht es mir gut. Ich sitze neben Maria und habe schon viele Freundinnen gefunden. Aber am Anfang war es schwer, sich in dem Gebäude zurechtzufinden. Wir haben ja jetzt in ganz vielen verschiedenen Räumen Unterricht. Schon in der Pause müssen wir uns auf den Weg machen, wenn wir Musik oder Bio haben. Wir können gar nicht mehr in Ruhe unser Frühstück essen. Wie geht es Ihnen? Vermissen Sie uns? Ich denke oft an Sie. Es war doch sehr gemütlich in unserer Klasse mit der Leseecke. Ich würde Sie gerne in der alten Schule besuchen.

Mit herzlichen Grüßen

Ihre Ronja

2 *So könnte deine Lösung aussehen:*

bei Nomen, bei Eigennamen, bei der höflichen Anrede, am Satzanfang

3 *Die phönizische Schrift bestand aus zweiundzwanzig Konsonanten. Sie wurde von rechts nach links geschrieben. Die Schriftzeichen wurden ohne Wortabgrenzungen hintereinandergesetzt. Dadurch war das Lesen erheblich schwerer als bei unserer heutigen Schrift.*

Seite 73

1

d oder t?	b oder p?	g oder k?
Hände→Hand	verstauben→verstaubt	lange→lang
Elefanten→Elefant	rauben→geraubt	blinken→es blinkt
runder→rund	hupen→jemand hupt	bringen→sie bringt
bunter→bunt	Tauber→taub	Gänge→Gang
Alter→alt	laubig→Laub	seliger→selig
gestalten→Gestalt	fiepen→die Maus fiept	eifriger→eifrig
Orte→Ort	piepen→der Vogel piept	Werke→Werk
Morde→Mord	kleben→es klebt	Zwerge→Zwerg
Hemden→Hemd	ziepen→es ziept	Zweige→Zweig
Fremder→fremd	verlieben→verliebt	stärker→stark
Wälder→Wald	schieben→sie schiebt	klingen→es klingt
kälter→kalt		

2 bäuchlings (Bauch), käuflich (kaufen), häufig (Haufen), äußerst (außen), gefährlich (Gefahr), Häute (Haut), heute (–), geläufig (laufen), Beutel (–), treu (Treue), Träumer (Traum), Rede (reden), Räder (Rad), Rätsel (raten), Träger (tragen), männlich (Mann), Gäste (Gast), ändern (anders), beenden (Ende), kräftig (Kraft), Wärme (warm), Ärmel (Arm)

Seite 74

1 *So könnte deine Lösung aussehen:*

-ung	-nis	-heit	-keit
Eignung	Geheimnis	Eigenheit	Einsamkeit
Gleichung	Gleichnis	Gemeinheit	Gemeinsamkeit
Vergebung	Verzeichnis	Gesamtheit	Möglichkeit
Meldung	Erlebnis	Gepflogenheit	Traurigkeit

-schaft	-tum	-er/-in
Gemeinschaft	Eigentum	Lehrer/-in
Freundschaft	Reichtum	Schüler/-in
Feindschaft	Heiligtum	Sänger/-in
Landschaft	Bürgertum	Teilnehmer/-in

2	-ig	-lich	-bar	-los	-haft
	eklig	eigentlich	machbar	farblos	ehrenhaft
	schaurig	feierlich	scheinbar	sorglos	traumhaft
	klebrig	kleinlich	lösbar	gedankenlos	märchenhaft
	sonnig	herzlich	sonderbar	herzlos	lebhaft

Seite 75

1 a) und b)

Die weißen riesenhasen *Robert Gernhardt*

– <u>die weißen</u> Riesenhasen

– übern (über <u>den</u>) Rasen

– <u>die goldnen</u> Flügelkröten

– <u>ihren</u> Beeten

– <u>die schwarzen</u> Buddelraben

– <u>ihrem</u> Graben

– <u>feisten</u> Felsenquallen

– <u>die</u> Fallen

– <u>jedes</u> Jahr

– <u>den</u> … Januar

– <u>den</u> Tag

– im (in <u>dem</u>) Kalender

2 das Glück – das Glas
die Zeit – der Rat
seltene Zeichen – unglaubliche Wunder

Seite 76

So was Dummes

3 (1) Hosenträger; (2) Schuhanzieher; (3) Flaschenöffner;
(4) Scheibenwischer; (5) Aktenordner; (6) Anlasser;
(7) Bettvorleger; (8) Daumenlutscher

4 *So könnte deine Lösung lauten:*

Schlittschuh laufen → Schlittschuhläufer; Brille tragen → Brillenträger; Ringe tragen → Ringträger; Sahne schlagen → Sahneschläger

Seite 77

5 die Ehre → ehrbar → die Ehrbarkeit
die Ehre → ehrlos → die Ehrlosigkeit
froh → fröhlich → die Fröhlichkeit
der Sinn → sinnlich/sinnlos → die Sinnlichkeit/
Sinnlosigkeit
gemein → gemeinsam → Gemeinsamkeit
der Ekel → ekelhaft → die Ekelhaftigkeit
die Liebe → lieblos → die Lieblosigkeit
wehren → wehrlos → Wehrlosigkeit
der Fehler → fehlerhaft → die Fehlerhaftigkeit
bedeuten → die Bedeutung → bedeutungslos
Herr → herrlich → die Herrlichkeit
verantworten → die Verantwortung → verantwortungsvoll/-los

Seite 78

6 a) und b)

Adjektive	Nomen/Substantive
schul<u>frei</u>, ehren<u>voll</u>, bett<u>schwer</u>, kinder<u>reich</u>, blei<u>schwer</u>, spitzen<u>mäßig</u>, turm<u>hoch</u>, schreib<u>faul</u>	das Frei<u>bad</u>, der Voll<u>mond</u>, das Schwer<u>gewicht</u>, die Nacht<u>ruhe</u>, das König<u>reich</u>, das Kinder<u>reich</u>, die Kirchturm<u>spitze</u>, der Hoch<u>sprung</u>, der Faul<u>pelz</u>

7 *So könnte deine Lösung aussehen:*

Es war <u>spitzenmäßig</u>, dass die 6. Stunde ausfiel.

Es war <u>ehrenvoll</u> von Simon, Clara zu helfen.

Meine Beine fühlten sich nach dem Joggen <u>bleischwer</u> an.

Da ich manchmal <u>schreibfaul</u> bin, tippe ich meine Hausaufgaben auf dem PC.

Es ist wirklich schrecklich, dass ich manchmal so ein <u>Faulpelz</u> bin.

Bei <u>Vollmond</u> kann ich nie gut schlafen.

Das Gejaule des Nachbarhundes hat die gesamte <u>Nachtruhe</u> gestört.

Das <u>Freibad</u> ist bis bis 22 Uhr geöffnet.

Teste dich! Groß- und Kleinschreibung

Die Entwicklung des Lebens auf der Erde

Folgende Wörter werden im Text groß geschrieben:

Die Geschichte, Lebens, Millionen, Jahren, Mensch, Erscheinung, Vielzahl, Pflanzen, Tieren. Auf, Planeten, Wälder, Farnen, Dinosaurier, Landmassen, Insekten, Lüfte, Tiere, Meere. Das Leben, Meer, Land, Luft, Forscher, Bild, Vergangenheit, Versteinerungen, Tieren, Pflanzen, Skelettteile, Dinosauriern, Urmenschen … Durch, Veränderungen, Klimas, Tierarten, … Viele, Arten, Umweltbedingungen. Oft, Arten, Lebensbedingungen, … Unsere, Welt, Ergebnis, Entwicklungsversuche, Natur. Der, Mensch, Versuch. Durch, Kampf, Nahrung, Erleichterung, Lebens, Laufe, Existenz, Veränderungen, Zukunft, Planeten

Seite 79

1 r s t u w x y z   a c d e f g h   j k l m n o p

2 bekennen, beklatschen, bekömmlich, beköstigen, bekommen,
bekräftigen, bekränzen, bekreuzigen,
bekriegen, bekritteln, bekritzeln, bekrönen, bekümmern, bekunden

3 Wort	Regel	nachschlagen
Gnade	kein Dehnungs-h, da nicht l, m, n oder r folgt	
Hering		X
Rat	kein Dehnungs-h, da nicht l, m, n oder r folgt	
quer	kein Dehnungs-h, da Wörter mit qu „Feinde" des Dehnungs-h	
Lärm	Verlängerungsprobe: lär-men	
erbärmlich	Suche nach einem verwandten Wort: Erbarmen	
März		X
dämmert		X
älter	Suche nach einem verwandten Wort: alt	
Eltern		X
Grübchen	Verlängerungsprobe: Gru-be	
betrübt	Verlängerungsprobe: be-trü-ben	
hübsch		X
Herbst		X
Abt		X
genügsam	Verlängerungsprobe: ge-nü-gen	
ätzend		X
gesagt	Verlängerungsprobe: sa-gen	
verdammt	Verlängerungsprobe + Silbenprobe: ver-dam-men	